Contents
目次

はじめに……………………………………………………………………… 3

1　公の施設と指定管理者制度 ……………………………………………… 5
　（1）指定管理者制度導入に係る地方自治法上の規定
　（2）指定管理者制度導入の意図

2　図書館における指定管理者制度の導入の是非 ………………………… 12
　（1）管理委託制度の下での図書館運営はなじまない
　　《図書館に指定管理者制度の導入が困難な理由》

3　図書館法の改正が必要 …………………………………………………… 20
　（1）まずは特別法を，一般法はそれを補足するものとして考える
　（2）仮に，指定管理者制度導入を図書館法に取り入れた場合
　（3）文部科学省の解釈変更
　（4）図書館長と指定管理者職員と法的関係について

4　指定管理者制度の導入再考 ……………………………………………… 26
　（1）地方自治法の指定管理者制度導入要件の再検討
　（2）公物警察権からの再考

5　図書館への指定管理者制度導入の現状 ………………………………… 30
　（1）図書館に対する指定管理者制度導入の現状
　（2）図書館に対する指定管理者制度導入の見直しの傾向

6 自治体と住民の政策選択 …………………………………………………32

7 指定管理者制度導入の実質的諸問題 ……………………………………34
　《図書館の指定管理者制度導入の実質的なデメリット》

8 結びに替えて ………………………………………………………………37

質問の時間　《当日の質疑応答》……………………………………………41

資料……………………………………………………………………………57
　《セミナー当日配布されたレジュメ》
　《参考資料》

```
日本図書館協会図書館政策セミナー　講演録
　テーマ：「法的視点から見た図書館と指定管理者制度の諸問題」
　講　師：鑓水三千男
　日　時：2018年3月11日（日）　午後1時30分～
　会　場：日本図書館協会　2階　研修室
```

はじめに

　鑓水です。現在は，千葉県市町村総合事務組合で週に3回，法務専門員という肩書をいただいて勤務しております。いわば非常勤の特別職公務員ということでございます。私は現在66歳になります。したがって退隠の身なので知力，気力，体力の問題もありまして，基本的には研修講師を差し控えさせていただいておりますが，先ほどご紹介にありましたように，昨年開催されました全国図書館大会の分科会で余計な質問[1]をしてしまった結果，その責任をとるかたちで本日この研修に臨んでおります。

　今日は図書館関係の方々が多く見えられている中で，法的視点から指定管理者制度の問題を論ずるなどと，いわば分をわきまえない立場に立ってしまったなというのが率直な気分です。ただ，全国図書館大会では，従前から指定管理者をめぐる法的な問題は，いっこうに解消されていないという個人的な思いがありまして，質問をさせていただいたものですが，その思いを，今日は再度，私見という形で本日の研修会で述べさせていただきたいと思います。

　もともと，私は千葉県庁の職員でして，比較的長く法務担当をしておりましたけれども，同期で千葉県に採用された職員に図書館司書の方がおられまして，その方が主宰される勉強会に，知事部局でたまたま法規担当をしていた私が呼ばれまして，図書館をめぐる法的な問題についてあれこれ個人的な意見を述べさせていただいたこともきっかけで，図書館の世界に足を踏み込むことになったわけでございます。

　したがって，私自身は図書館の現場を知らない人間です。図書館に勤務した経験は皆無です。私が持っております図書館に関する知見は，基本的に県庁同期の図書館司書の方を通じて得たものでありまして，これから私が縷々申し上げることは，机上の空論であると言われてもやむを得ないものなのかとも思います。したがいまして，本日の研修参加された方々は眉に唾をつけて話半分で聞いていただければと思います。

　当然，私の理解する指定管理者に関する見解についても，異論反論は十分あ

るものだろうと思っております。重ねて申し上げるようですが，私は図書館については「ずぶの素人」ですので，図書館に関する関係者のみなさまからしてみれば，「ずいぶん頓珍漢なことを言うなあ」というふうにお考えになるかもしれませんけれども，私の持っております素朴な疑問であるということで，お聞きいただければ幸いでございます。

注
1) 2017年度の全国図書館大会第1分科会で，指定管理者制度で法的に図書館長を配置できるかという質問に対し，報告者は，文部科学省は指定管理者の職員が図書館長になってもかまわないという見解を出している，と回答した。これに対し，今回の講師は，それは違うのではないか，という発言をし，あわせて図書館長は教育委員会が任命するべきことや，公物警察権の行使について詳しく発言された。

1　公の施設と指定管理者制度

(1) 指定管理者制度導入に係る地方自治法上の規定

　それでは，お手元のレジュメに沿ってお話をさせていただきます（レジュメは巻末参照　p.57-70）。

　はじめに，公の施設と指定管理者制度についての概要をおさらいしておきたいと思います。指定管理者制度は，平成15年（2003年）の地方自治法改正で従来の管理委託制度に代わって導入された制度であることは，みなさまご承知のとおりであります。

　地方自治法上，指定管理者を導入する要件は，「公の施設の設置目的を効果的に達成するため必要があると認めるとき」ということであります。また，公の施設の設置目的は住民の福祉の増進になるわけですので，指定管理者の導入の法律上の要件は，住民の福祉増進に資するため行われるべきだということです。

　よって，地域の活性化とか賑わいの創出というのは，法律上，指定管理者制度を導入する目的では本来ありません。仮に図書館に指定管理者を導入するのであれば，その目的は住民に対する図書館サービスの向上にあるというべきです。すなわち，図書館法第3条に規定する図書館奉仕の向上が，図書館に指定管理者制度を導入するための法律上唯一の要件だと言ってよろしいかと思います。加えて，地方自治法に規定する住民の福祉に資するかどうかというのは，指定管理者制度を導入する施設ごとにその設置目的に照らして判断されるべきでありますので，施設の設置目的を通じた住民福祉の向上が，本来の意味合いだということになります。言い換えれば，それぞれの公の施設の使い勝手のよさの向上が指定管理者制度導入の本来的な目的だということです。

　したがって，指定管理者が図書館と直接の関係のない施設，たとえばカフェとか書店だとか文具店だとか，そういうものを設置することは，指定管理者制度の本来目的には適うものではないということになります。

　もちろん，導入については最終的には首長の判断，教育委員会の判断ということになりますから，政治的な考慮が入ることまで許されないかどうかについ

ては，いろいろ議論があるかもしれませんけれども，少なくとも法的視点でみたときには，今申し上げたようなもの，賑わいの創出といったものは指定管理者の要件ではないということは，これは明確に申し上げることができようかと思います。

　さらに，図書館に指定管理者制度を仮に導入するのであれば，それによって開館時間の延長などというだけではなくて，図書館法第3条に規定する図書館奉仕全般についての住民の利便性ないし図書館機能の充実強化が図られなければならないというふうに申し上げてよろしいかと思います。

地方自治法
（公の施設）
第244条　普通地方公共団体は，住民の福祉を増進する目的をもってその利用に供するための施設（これを公の施設という。）を設けるものとする。
2及び3　省略

第244条の2
1及び2　省略
3　普通地方公共団体は，公の施設の設置の目的を効果的に達成するため必要があると認めるときは，条例の定めるところにより，法人その他の団体であって当該地方公共団体が指定するもの（以下本条及び第244条の4において「指定管理者」という。）に，当該施設の管理を行わせることができる。

図書館法
（図書館奉仕）
第3条　図書館は，図書館奉仕のため，土地の事情及び一般公衆の希望に沿い，更に学校教育を援助し，及び家庭教育の向上に資することとなるように留意し，おおむね次に掲げる事項の実施に努めなければならない。
　一　郷土資料，地方行政資料，美術品，レコード及びフィルムの収集にも十分留意し

て，図書，記録，視聴覚教育の資料その他必要な資料（電磁的記録（電子的方式，磁気的方式その他人の知覚によつては認識することができない方式で作られた記録をいう。）を含む。以下「図書館資料」という。）を収集し，一般公衆の利用に供すること。
二　図書館資料の分類排列を適切にし，及びその目録を整備すること。
三　図書館の職員が図書館資料について十分な知識を持ち，その利用のための相談に応ずるようにすること。
四　他の図書館，国立国会図書館，地方公共団体の議会に附置する図書室及び学校に附属する図書館又は図書室と緊密に連絡し，協力し，図書館資料の相互貸借を行うこと。
五　分館，閲覧所，配本所等を設置し，及び自動車文庫，貸出文庫の巡回を行うこと。
六　読書会，研究会，鑑賞会，映写会，資料展示会等を主催し，及びこれらの開催を奨励すること。
七　時事に関する情報及び参考資料を紹介し，及び提供すること。
八　社会教育における学習の機会を利用して行つた学習の成果を活用して行う教育活動その他の活動の機会を提供し，及びその提供を奨励すること。
九　学校，博物館，公民館，研究所等と緊密に連絡し，協力すること。

(2) 指定管理者制度導入の意図

　ただし，これは言わば建前の一つでありまして，実際に指定管理者導入については，平成14年（2002年）の政府の総合規制改革会議の中間とりまとめ[1]に別の書きぶりがあります。つまり，民間による公的部門への進出により効率的な経営を行うことで，費用の削減を行うこと。次に2番目として公的部門への民間事業者の活動を開放し，その事業活動の手を公的部門へ及ぼすことという目的があったことは，これは言うまでもありません。

　つまり，小泉行政改革の一環として指定管理者制度が導入されたのだということです。法律上は地方自治法に住民の福祉の向上という文言しかありませんけれども，その後ろ側には費用の削減とか，いろいろな公的部門への民間部門の開放といったような意図，動機があったことは，これは隠しようもないこと

だと思っております。

　指定管理者制度を全部否定するつもりはありません。民間において同種の事務事業が行われている場面とか，経済的な利益の生じるような施設を民間部門に開放し利益追求の場として公的部門に手を出せるようにしたというのは，そもそもの制度設計に当たるわけですから，たとえば宿泊施設とか，それから駐車場の問題であるとか，あるいは展示場とか，そういうふうに民間の部門ですでに進出しているところであれば，仮にこれを地方公共団体が経営しているときに，そこに民間部門が進出することについて特に異論はないのかもしれません。しかしながら，図書館のような原則として無料の施設に指定管理者を導入するということは，当然，進出する企業は，利益を確保するために指定管理者として無理な事業展開をする可能性があるのではないかということです。逆に言えば良心的な事業者は撤退せざるを得ないのではないか，無理やり図書館の経営のノウハウがない事業者が指定管理者に参入したことで，ちょっと有名になったのは足立区（東京都）の竹の塚図書館，みなさんご承知のとおりかと思います。

　あそこでは，指定管理者の職員にきわめて廉価な形で仕事をさせることについて危惧をした副館長が，指定管理者に異議を申し立てたところ，雇い止めになったということで訴訟[2]になりました。ご承知かと思いますが，解雇された副館長が勝訴しました。あの場合，私の記憶によれば，指定管理者として参入したのは，全然図書館経営のノウハウのないと思われる金属加工業者であったはずです。図書館経営にノウハウのないところが，何で指定管理者に手をあげて，しかもそれが採用されるのか，それは費用削減の動機があったとしか考えられません。そのことによって，誰が不利益を受けるのかということになるかと思います。

　それと同じ足立区立の花畑図書館，ここでは児童サービスを行う必要がないと指定管理者が館長に指示をしたのだそうです。そうすると，館長は，児童サービスは図書館の本来的な業務であるという主張をしたところ，だったら残業をゼロにしろと，そう指示をしたということで，これも雇い止めをした結果，訴訟になっております。結果として和解したそうですが。

昨年度の全国図書館大会で，あるNPOが分科会の中で良心的な処遇を職員の方にしたところ，結果として委託事業を継続できなくなってしまったことを報告[3]されておりました。このように基本的には株式会社，別に株式会社でなくてもNPOでも団体であればかまわないのですが，多くの場合株式会社が参入しておりますので，株式会社である以上，営利目的で事業に参画するのは当然のことです。また，営利目的でない事業に参画すること自体，株式会社とすれば自己否定みたいなものです。では，営利企業である株式会社が図書館のような無料施設の中でどうやって利益をあげるか，それは地方公共団体からの委託費が潤沢にくるか，そうでなければ人件費を削減するか，ということになるのではないかという気がしております。そうでないというのであれば，そうでないかもしれませんが，少なくとも私が見聞きする範囲では指定管理者の職員の方々はほとんどが任期付き職員です。一般的に常勤職員よりも非常勤職員，任期付き職員の処遇が十分でないことは，これは私どもの常識と言っていいのかもしれません。そうするとたとえば，最低賃金ぎりぎりで職員をかき集める，そういう方々が十分な処遇を受けていないことになるわけですので，3年なり5年の指定管理者の期間において，本来的な図書館業務に専念できるのかどうなのか，個人的にはとても疑問に思っています。決してよいことだと思いませんけれども，人間は，受ける処遇に従って仕事をするという一般的な傾向があるように思います。つまり安い給料で一生懸命働けと言っても，それは無理だということになるのだろうと思うのです。

　さらに，総務省は，平成22年（2010年）に地方公共団体に対して指定管理者制度の導入について注意を喚起する文書[4]を出しています。こういう文書が出たということは，総務省と地方公共団体の間に指定管理者制度の導入について考え方に乖離が出てきていることを示すものであろうと思います。当時の片山（善博）総務大臣は記者会見[5]におきまして，この通知を出した趣旨についてこう述べておられます。「本来，指定管理者になじまないような施設についてまで，指定管理の波が押し寄せて，現れてしまっているという。そういうことを懸念していたものですから，改めて，その誤解を解いたり，本来の趣旨，

目的を理解していただくため出した」ものであると，おっしゃっておられます。偶然かどうかわかりませんが，片山さんが知事であった鳥取県では，県立図書館への指定管理者制度の導入を否定しております。ただし，総務省はこういう通知を出しておりますが，指定管理者制度が導入されたときの総務省職員の説明の中では，図書館を指定管理者制度導入対象施設としてあげられていたのです。そうすると，大臣と職員との間に考え方に齟齬があるということになりかねないわけですね。

　後ほど申し上げますけれども，指定管理者制度についても，業務委託制度についても，管理委託制度についても，当初，文部科学省は大臣そのものが制度になじまないという発言をしております。国会でそのように答弁しております。ところが現在は，たとえば「図書館の設置及び運営上の望ましい基準」(以下「望ましい基準」という) の中に指定管理者制度を前提にした記述[6]が載っています。そうすると，組織の長がなじまないと言ったものについて，下の職員が逆の仕事をしているわけですよね。千葉県でいえば，知事がこうだと言ったものについて，それは違いますよと意見として申し上げますが，逆の事務はさすがにできません。
　それと繰り返して申し上げますが，利用料金制をとる施設に指定管理者制度を導入することは一定の合理性があるとは考えます。しかしながら，無料施設である図書館に指定管理者制度を導入するには，そもそも無理があるのではなかろうかということです。指定管理者が受ける収入は，地方公共団体からのいわゆる委託費用だけになりますので，そこの中で利潤を上げるというのは，おそらく至難の技ではないでしょうか。無理だと思われる典型的な例が，私の思うところに従えば，図書館への指定管理者制度の導入なのだと考えております。少なくとも，これから縷々申し上げますけれども，現状では図書館への指定管理者制度の導入について法的な整合性が十分とれているとは考えられません，とられていないと考えます。そういうことを諸々考えますと，図書館という施設には制度的に指定管理者はなじまないというのが，基本的には私の考え方です。

ちなみに細かいことで恐縮ですが，なじまないと申し上げましたのは，図書館法は指定管理者制度を想定していないということです。逆な言い方をすれば，図書館法は図書館を直営として想定しており，そもそも指定管理者の導入を許していないのではないかと，このように考えるところです。図書館法の規定を見ても禁止する規定はありません。しかしながら，禁止する規定はないからやってもいいのだというのは法律家の悪い癖です。ちょっと脱線をさせていただきますが，イギリスのことわざに「最悪の隣人は法律家」だというのがあるのだそうです。つまり，屁理屈ばかりいって自分に有利な結論を出してしまうということを意味するのでしょう。もちろん，私は法規に関係する仕事をやっておりましたので，その仕事柄，国の見解と違う方針で条例をつくったりしたことはあります。しかしながら，そのときには必ず理論的に整合性をとるような努力はいたしました。理屈が通らないことは駄目なのですよ。そもそも議会にだって通すことはできませんし，そういった意味ではなじまないという言葉は法令用語としては普通使われません。数多くの法律の中に「なじまない」という言葉を使った例は，私は知りません。どういう意味で私が使うかといえば，先ほど申し上げたとおり図書館法は指定管理者制度を想定していない，もともと図書館法の趣旨からすれば直営なのだと，こういう意味で「なじまない」という言葉を使わせていただいております。図書館法が指定管理者制度の導入を明確に禁じているとまで強く言うつもりはありませんけど，そもそも適当ではない，言い換えれば導入すべきではないと申し上げてよろしいのではないでしょうか。

　今日の研修会では，主として法的な視点から図書館と指定管理者制度を考えてみたいということでございます。いろいろ過激なことも申し上げますが，基本的にはすべて個人的な見解です。私の属する組織と何の関係もありません。

注
1) 「中間とりまとめ−経済活性化のために重点的に推進すべき規制改革」平成14年7月23日　総合規制改革会議
2) 足立区立竹の塚図書館における指定管理者として金属加工会社が参入し，当該金属加工会社が副館長を不当解雇したという理由で訴訟となり，東京地裁平成27年3月12日判決（労働関係

存在等確認請求事件）において，解雇無効の判決が出され，確定している。（出典 鑓水三千男［著］「指定管理者制度の一断面－公立図書館への指定管理者制度導入の諸問題」（北村喜宣ほか編『自治体政策法務の理論と課題別実践－鈴木庸夫先生古稀記念』第一法規，2017所収）p.171)

3) 2017年度（第103回）全国図書館大会 第1分科会 公共図書館（1） テーマ：公立図書館の指定管理者制度 報告（2）：渡辺百合子（NPO法人げんきな図書館理事長）「図書館業務からの撤退－13年の委託請負現場から見えてきたもの」

4) 「指定管理者制度の運用について」総行経第38号 平成22年12月28日 総務省自治行政局長

5) 「片山総務大臣閣議後記者会見の概要」平成23年1月5日

6) 「図書館の設置及び運営上の望ましい基準」第一 総則 三 運営の基本 5「図書館の設置者は，<u>当該図書館の管理を他の者に行わせる場合には</u>，当該図書館の事業の継続的かつ安定的な実施の確保，事業の水準の維持及び向上，司書及び司書補の確保並びに資質・能力の向上等が図られるよう，当該管理者との緊密な連携の下に，この基準に定められた事項が確実に実施されるよう努めるものとする。」

2 図書館における指定管理者制度の導入の是非

(1) 管理委託制度の下での図書館運営はなじまない

　管理委託制度の下での図書館というところです。指定管理者制度の前身であります管理委託制度の下では，文部科学省（以下「文科省」という）は，図書館は当該制度になじまないという考え方であったことは先ほど申し上げました。昭和61年（1986年）だったと思いますが，中曽根内閣において文部大臣でありました海部俊樹氏は国会答弁（巻末参照　p.73）[1]でこのように述べています。「図書館法の規定から見ても公立図書館の基幹的な業務については，これは民間の委託にはなじまない。」こうはっきりおっしゃっております。仮に文部省で海部文部大臣，それから後ほど申し上げますが，渡海（紀三朗）文部科学大臣も指定管理者についてなじまないと発言（巻末参照　p.74）されておるわけなのですが，文科省において指定管理者制度の導入に積極的に対応するという意味で政策転換を行うのであったならば，当然に規定改定が必要でしょう，ということです。

海部文部大臣は図書館法の規定上という言い方をしたわけです。その後の大臣が国会の場で答弁した内容について，これと矛盾する政策を行うことは政策転換に当たるわけですから，そのような政策転換をするのだったら，元々の図書館法を改正しなければ筋が通りませんよね，ということを申し上げたい。基幹的な部分ということですから，たとえば警備であるとか，清掃であるとかそういう部分を民間に委託することは，これは普通に行われてきたことですので，これまで禁止する理由はもちろんありません。しかしながら基本的な業務，たとえば，図書館資料の出納とか，レファレンスであるとか，他館との連絡調整であるとか，都道府県図書館であれば市町村図書館への指導助言といったような，そういう業務については直営でなければまずいでしょうと，こういう指示で海部文部大臣がおっしゃったに違いないのです。
　しかも管理委託制度よりも，より民間性の強いのが指定管理者制度です。指定管理者制度と管理委託制度とどこがどう変わったか，一番大きな違いは，株式会社が参入できるようになったことです。つまり営利企業が参加できるようになった。今までは公共的団体，公共団体，地方公共団体が2分の1以上出資している法人に限られていたものを，まさしく民間企業に開放したというのが，指定管理者制度の趣旨です。そうすると，管理委託制度よりもなお民間性の強い状況にしたわけですから，管理委託制度になじまなければ論理的に当然指定管理者制度にもなじまないというふうに理解すべきものだと思います。
　実際に，渡海文部科学大臣は参議院の文教科学委員会（巻末参照　p.74）[2]だったかな，そこでなじまないとはっきりおっしゃっております。こうした点にかんがみれば，図書館が指定管理者になじまないというのは当然ですよねと，それがひっくり返るというのはどういう理屈でそうなるのか，私にはまったく理解できません。先ほど申し上げたとおり，組織の長がなじまないと言っているものを下僚がなじむような事務を進めること自体ガバナンスの問題として，由々しき問題だと思いますよ。
　逆に言えば，海部さんとか渡海さんとかの後任者がたぶんそうした政策転換を進めたのでしょうけれども，それならそれで対外的に「政策変更しました。それはこれこれの理由によるものです」ということを明言するのが住民，国民

に対する責任ではないかと私は思います。

　それと，私は法律を仕事の対象としてきた人間ですので，特に図書館法と地方自治法の関係についつい目がいってしまうわけですけども，図書館法，その他の図書館関係法の趣旨からも図書館に指定管理者を当然導入するというのは，それは無理でしょうというのが私の理解の仕方であります。理由をこれから申し述べます。

《図書館に指定管理者制度の導入が困難な理由》

その1　＜地方公共団体が経営することが法の前提＞

　図書館法第2条は，図書館の設置者を地方公共団体，日本赤十字，社団法人，財団法人としていますね。公立図書館は地方公共団体が設置し，地方公共団体が経営することが法の前提となっていると解することができます。少なくとも指定管理者が登場する前は，図書館の根幹的な業務について民間委託するということは一般的な話ではなかったと思います。

図書館法
（定義）
第2条　この法律において「図書館」とは，図書，記録その他必要な資料を収集し，整理し，保存して，一般公衆の利用に供し，その教養，調査研究，レクリエーション等に資することを目的とする施設で，地方公共団体，日本赤十字社又は一般社団法人若しくは一般財団法人が設置するもの（学校に附属する図書館又は図書室を除く。）をいう。
2　前項の図書館のうち，地方公共団体の設置する図書館を公立図書館といい，日本赤十字社又は一般社団法人若しくは一般財団法人の設置する図書館を私立図書館という。

その2　＜特別法が一般法に優先する＞

　地方自治法と図書館法との関係ですが，一般法と特別法の関係にあるといってよいかと思います。つまり，一般法である地方自治法が指定管理者制度を採

用したからといって，特別法である図書館法がこれを導入しなければならないいわれはないのです。一般法というのは，特別法に規定のない分野について補完的に規定すべきなのであって，図書館法が地方自治法に優先して適用されることになるわけです。たとえば，図書館法には差別的な取扱いを禁じるという趣旨の規定はありません。しかし，地方自治法にはそういう規定がありますので，図書館の世界で合理的な理由なくして住民の利用を拒否することは許されないという法の適用関係になる，そうご理解いただきたいと思います。

その3 ＜地方教育行政の組織及び運営に関する法律では，直接の管理運営を予定＞

今申し上げたとおり，図書館法には設置と経営を分離することができることをうかがわせる規定はありません。かえって図書館法の設置は図書館法第10条の規定で条例により，管理運営の基本的な事項は，地方教育行政の組織及び運営に関する法律（以下「地教行法」という）第33条の規定により教育委員会規則で制定することが規定されております。したがって，教育委員会が教育機関でもある図書館を社会教育施設として直接管理運営することが予定されている，こう解釈すべきだろうと思います。

図書館法
第10条　公立図書館の設置に関する事項は，当該図書館を設置する地方公共団体の条例で定めなければならない。

地方教育行政の組織及び運営に関する法律（地教行法）
（学校等の管理）
第33条　教育委員会は，法令又は条例に違反しない限度において，その所管に属する学校その他の教育機関の施設，設備，組織編制，教育課程，教材の取扱その他学校その他の教育機関の管理運営の基本的事項について，必要な教育委員会規則を定めるものとする。この場合において，当該教育委員会規則で定めようとする事項のうち，その実施のためには新たに予算を伴うこととなるものについては，教育委員会は，あら

かじめ当該地方公共団体の長に協議しなければならない。

その4 ＜館長および職員を置くことと，その任命は＞

　図書館法第13条の規定により，図書館には館長および当該公共図書館を設置した地方公共団体の教育委員会が必要と認める専門的職員を置くことになっております。みなさんご承知のとおり，その図書館をはじめとする教育機関に設置されます職員は，地教行法第34条の規定により教育委員会が任命することになっています。教育委員会が任命する以上，当該職員は公務員になるのであって，したがって，図書館に勤務する職員は原則として公務員の立場で勤務することとなるわけでして，民間人を民間人のままで教育委員会が任命するわけではありません。民間人を公務員として任命することはあっても，民間人を民間人として勤務せよということを教育委員会が言うはずがないのです。そんな権限はありませんから。

その5 ＜図書館職員は公務員であることが条件＞

　もちろん，退職した公務員を民間人となった方を非常勤公務員として図書館長に充てることもあるかもしれません。しかし，それは民間人を民間人として充てるのではなくて，非常勤であるにしろ，地方公務員として任命してから充てることになるわけですので，教育委員会が関与する以上，当該職員は公務員であることが当然の条件になります。

図書館法
（職員）
第13条　公立図書館に館長並びに当該図書館を設置する地方公共団体の教育委員会が必要と認める専門的職員，事務職員及び技術職員を置く。
2　館長は，館務を掌理し，所属職員を監督して，図書館奉仕の機能の達成に努めなければならない。

> **地方教育行政の組織及び運営に関する法律**
> （教育機関の職員の任命）
> 第34条　教育委員会の所管に属する学校その他の教育機関の校長，園長，教員，事務職員，技術職員その他の職員は，この法律に特別の定めがある場合を除き，教育委員会が任命する。

その6　＜図書館協議会との関係＞

　後ほど，これも申し上げることになりますが，図書館には図書館協議会がありますね。図書館協議会は，図書館法の規定により教育委員会が任命することになっています。仮に指定管理者が選任する人が，館長になったとしましょうか，図書館協議会は館長の諮問機関，教育委員会の附属機関です。指定管理者の方が館長を任命した以上は，それは私人ですね。そうすると私人の諮問に対して公務員からなる公的な機関が答申をする，意見を述べるという魔訶不思議な現象が生じます。逆ですよね，普通。附属機関とか審議会というのは，公が運営するものについて，民間の知見を反映させるためにご意見を聞くというのが審議会の役割です。もちろん審議会の委員になるときには，非常勤特別職公務員として任命しますので，そういった意味では公対公の関係に立つわけですが，仮に指定管理者が管理運営した図書館に図書館協議会があるとするならば，民間の人が行う行為について公務員が意見を申し述べるという，ほとんど法的には想像できないような構造が生まれます。

　ちなみに，筑波大学の図書館情報学の修士課程の卒業論文の中に「日本の図書館協議会に関する総合的研究」[3]というのが確かあったかと思います。その中で若干面白い記述があったのを発見しました。指定管理者は図書館協議会の設置を必ずしも進めているわけではない。むしろ指定管理者になったときに図書館協議会が廃止されている例もある。加えて言うと，図書館協議会であらかじめ指定管理者について反対を申し述べたときに，1館を除きすべて図書館への指定管理者制度の導入はされていないという調査もあるようでした。

その7 ＜図書館協議会を廃止，その理由が＞

　そうしますと，指定管理者にとって図書館協議会というのはどういう存在になるのか，もちろん図書館法上は設置しなければならないという義務があるわけではなくて，設置することができるとあって，むしろ裁量になるわけですけども，「望ましい基準」の中では設置を推進していますから，しかも，図書館に有識者の見解，学校教育者とか社会教育関係者，あるいは学識経験者のご意見を反映させるというのが図書館協議会の役割ですから，それを廃止するという選択自体がそもそもおかしい。通常，指定管理者制度を導入するときには地方公共団体と指定管理者との間に協定が結ばれます。その中で，指定管理者は廃止していいという記述があるとも，とうてい思えないわけなのです。

　ご存知のとおり，図書館協議会は条例によって設置されます。そうすると廃止するときには，条例を廃止しなければなりません。そういう案件を議会に出すときには，かなり難しい局面が生じるのではなかろうか。図書館を指定管理者に委ねるときに図書館協議会を廃止するということになれば，なぜそうするのということになるわけですし，むしろ「望ましい基準」の中では図書館協議会は設置すべきだという趣旨で記述がされているわけですから，それに逆行するような形になってしまうわけです。法律的に言えば，先ほど申し上げたとおり，もし指定管理者が選任する館長の諮問機関として公的な組織である図書館協議会が存続するのであれば，その関係ってどういうことになるのだろうか，民間の企業経営について公的な立場から意見を述べることになるのか，そういう構造が他の法制度の中にあるのだろうかと思ってしまうわけです。

図書館法
（図書館協議会）
第14条　公立図書館に図書館協議会を置くことができる。
2　図書館協議会は，図書館の運営に関し館長の諮問に応ずるとともに，図書館の行う図書館奉仕につき，館長に対して意見を述べる機関とする。
第15条　図書館協議会の委員は，当該図書館を設置する地方公共団体の教育委員会が

> 任命する。
> 第16条　図書館協議会の設置，その委員の任命の基準，定数及び任期その他図書館協議会に関し必要な事項については，当該図書館を設置する地方公共団体の条例で定めなければならない。この場合において，委員の任命の基準については，文部科学省令で定める基準を参酌するものとする。

その8　＜答弁と実際の齟齬，みなし公務員になりえない＞

「望ましい基準」の中に「図書館の管理を他の者に行わせる場合には」というところがありましたので，確かに文科省とすれば，その意味で指定管理者制度の導入を前提とした告示をつくっていることは間違いないことです。しかし，そうなると，先ほど申し上げたことを繰り返すことになりますが，文科省の大臣がなじまないと言ったものを下僚が逆の立場から事務を進めていることになるわけで，これはどういうことになるんだろうかなあと素朴に思います。普通，公務員の世界では上司の命令に従う法的な義務がありますので，上司の示した方針に下の職員が逆らうというのは，意見を申し述べることはもちろんできますけれども，方針について逆の事務をするということは，本来あり得ないはずなのですよ。それがなぜ許されたのか，事情がわかりませんので，何とも言えませんが，後任の大臣が認めたということなのでしょうね，たぶん。前任者の意見にもかかわらず。

それから，もう一つ指定管理者が導入されたのだから，指定管理者の職員をいわば一種の「みなし公務員」として図書館関連法規を適用すべきではないかということが考えられます。そういう意見もあるのかもしれません，解釈もあるのかもしれません。しかし，民間人を「みなし公務員」として法的にとり出すためには，その業務が公共性なり公益性の強いものであることのほかに，形式的には法律上の根拠が必要であって，解釈上そんなことが許されるとは，とうてい思えません。

注
1)　「第104回国会　衆議院予算委員会第三分科会会議録」第1号（抜粋）昭和61年3月6

日（木曜日）　答弁：海部俊樹文部大臣会議録（抜粋）（巻末参照　p.71-73）
2）「第169回国会　参議院文教科学委員会会議録」第8号（抜粋）　平成20年6月3日（火曜日）　答弁：渡海紀三朗文部科学大臣　（巻末参照　p.73-74）
3）　平山陽菜『日本の図書館協議会に関する総合的研究』筑波大学修士（図書館情報学）学位論文，平成25年3月25日授与（30946号），発行年：2013　学位授与年度：2012
　　URL：http://hdl.handle.net/2241/121389
　　p.129に次のとおり掲載。「図書館協議会で指定管理者制度に賛成した図書館で指定管理者制度を導入している確率が期待値よりも有意に高く，また指定管理者制度に反対した図書館では導入していない確率が期待値よりも有意に高かった。特に，図書館協議会で指定管理者制度に反対したにも拘らず指定管理者制度を導入した図書館は1館しかなく，図書館協議会で反対された場合，ほとんどの図書館では指定管理者制度を導入していない。」

3　図書館法の改正が必要

（1）まずは特別法を，一般法はそれを補足するものとして考える

　そこでですが，仮にの話です。どうしても図書館に指定管理者制度を導入したいのであれば，せめて図書館法を改正してほしかったかなと私は強く思います。一般法である地方自治法が改正されて指定管理者制度が導入されたわけだから，図書館法もそれに合わせて変更解釈すべきではないかという意見もあるかもしれません。しかしながら，そういう見解も私にとっては採用できないものです。繰り返して申し上げますが，地方自治法は，図書館法にとっては一般法であるかもしれませんが，一般法と特別法の関係というのは，特別法である図書館法に規定のない部分を補足的に適用しようとする，そういう関係であるはずなので，そういった意味では適用関係では地方自治法の方が逆に劣後するわけなのです。まず図書館法を解釈運用すべきものですので，それがひっくり返るというのは理屈に合わないのかなというのが私の理解であります。論理的ではないなあと思います。

(2) 仮に，指定管理者制度導入を図書館法に取り入れた場合

　それで，たまたま私，法規関係の仕事をしていたということで，もし仮に指定管理者導入に際して図書館法を改正するとすればどうなるかというのを考えてみました（巻末参照　p.61-62）。

　まず第10条，図書館法の設置に関する根拠法令です。ここにたぶん第2項を加えることになるでしょう。「地方公共団体は，公立図書館の管理について地方自治法第244条の2第3項に規定する指定管理者に行わせるときは，条例で必要な事項を定めるものとする。」これ，当たり前のことですね。

　続いて第13条，第1項と第2項の間に1項入れようと思います。「公立図書館について指定管理者に管理を行わせることとした場合には，地方教育の組織及び運営に関する法律第34条の規定にかかわらず，前項に規定する館長その他の職員は，指定管理者が選任する。」教育委員会は関与しませんということを，ここで明言するということです。それは，繰り返すことになりますが，第13条の規定は基本的に地教行法に従って教育委員会が必要な職員を置くというふうに解釈すべき，理解すべきだろうと思うからです。それを否定するのだったら，否定する明確な根拠がいるだろうということです。

　そして，第14条の図書館協議会，これも第2項として新しい規定を設けることになるでしょう。「公立図書館について指定管理者に管理を行わせることとした場合には，前項の図書館協議会は，必要に応じて指定管理者が設置する。」民間の図書館長に意見を言うならば，それは民間人から構成されるべきなのであって，公務員がやるべき理由はないということです。

　第15条，これは図書館協議会の委員は教育委員会が任命するという規定がありますので，この例外規定を設けます。「前条第2項の規定により指定管理者が図書館協議会を設置した場合には，前項の規定にかかわらず，同項の委員は，指定管理者が選任する。」全部，指定管理者がやりますよと，こういう規定整備をしなければ，法的な説明がなかなか難しい。そういうことです。これは指定管理者制度を導入すればの話です。元々導入することに，私賛成しているわけではありませんが，仮に導入するとすれば，せめてこれくらいの規定の整備はしてくださいな，ということです。

先ほどから再々申し上げておりますが，文科省はこれまでの管理委託制度で示していた見解とは異なりまして，どうも現在は指定管理者制度に否定的ではないと思われます。しかし，その割には文科省が行っております図書館法および地教行法の解釈は，論理的に理解することは，少なくとも私にとっては不可能です。他の方々ならできるのかもしれませんが，私にはとてもそういう解釈はできません。

　加えて，文部科学省は大東市（大阪府）の図書館運営特区申請[1]に関して，こう述べております。「教育委員会は公務員たる職員については任命を行いますが，教育委員会が図書館の管理を指定管理者に行わせる場合で，任命権の対象となる公務員たる職員がいないときには，地教行法34条は適用されません。すなわち，この場合，図書館に館長を置く必要はありますが（図書館法第13条第1項），公務員でない館長については教育委員会が任命する必要はないものです。したがって，指定管理者に館長業務を含めた図書館の運営を全面的に行わせることはできるものと考えています。」

　これって，論理の飛躍がありませんか。図書館法は図書館長を置くって言っています。置くというのは，置くことができるのではなく，置くのです。一般的に法令を規定するとき，行政が名宛人のときには「何々すべきである」という言い方はほとんどしません。たとえば，ちょっと突飛な話かもしれませんけれども，地方自治法の規定に都道府県には知事を置く，市町村には市町村長を置くという規定があります。同じ「置く」です。内閣法制局が審査する法律ですから，同じ表現で違う意味を持たせることは通常はあり得ないことなのです。みなさん，都道府県に知事を置かないことができる，市町村に市町村長を置かないことができるって通常解釈しますか？　置くといったら，置くのです。逆に置かねばならないと解釈すべきことではあるのです。にもかかわらず「置かないことができる場合には」，これはどういう意味でしょう。置くというのが図書館法の要請なのですから，置かねばならないとするならば，置かない場合にはというのは，図書館法に違背する状況ですよね。それを前提にして，指定管理者が全部できますよというのは，完全に論理の飛躍があります。普通，こんな説明で納得する人はいないでしょう。図書館法上，図書館長を置くわけで

日本図書館協会　出版案内

JLA Bookletは、図書館とその周辺領域にかかわる講演・セミナーの記録、話題のトピックの解説をハンディな形にまとめ、読みやすいブックレット形式にしたシリーズです。

図書館の実務に役立ち、さらに図書館をより深く理解する導入部にもなるものとして企画しています。

JLA Bookletをはじめ、協会出版物は、こちらからお買い求めいただけます。また、お近くの書店、大学生協等を通じてもご購入できます。

二次元バーコード

お問い合わせ先
公益社団法人
日本図書館協会　出版部販売係
〒104-0033
東京都中央区新川１－１１－１４
TEL：03-3523-0812（販売直通）
FAX：03-3523-0842　E-mail：hanbai@jla.or.jp

---

no.1 いま、学校司書のいる図書館に期待すること

木下通子著『読みたい心に火をつけろ！』（岩波ジュニア新書）の出版記念トークセッションの記録。読書について語り合った内容を収録。図書館の未来につながることの大切さ、学校図書館関係者で必ず一見の方も語り合った内容を収録。

ISBN 978
4-8204-1711-8

---

no.2 読みたいのに読めない君へ 届けマルチメディアDAISY

2018年に大阪と東京で開催した、塩見昇氏の著〔…〕

保護者、図書館員、DAISY製作者のそれぞれの立場から、DAISYについてわかりやすくまとめた一冊。読みやすいブックレットにするため、視認性（一目で見たときの認識のしやすさ）が高いUDフォントを使用。

ISBN 978
4-8204-1809-2

JLA Booklet 既刊19

no.19 Live! 人は図書館員のなぜ本をおすすめする本のかリマスター版

図書館員が本を紹介することの意味、その仕事が図書館を越えて、出版の世界、広く読者へ届くことなど、これからの図書館と出版を考えるために必読の一冊です。

ISBN 978-4-8204-2404-8

no.18 著作権80問 図書館員が知りたい

図書館現場から実際に寄せられた質問を基に、著作権と図書館サービスのせめぎ合いに直面したときに役立つ一冊です。「著作者と・出版館者等々、さまざまな関係者のしどころ」をQ&A形式で悩んだときに収録。

ISBN 978-4-8204-2405-5

no.17 戦争と図書館 戦時下検閲と図書館の対応

第109回全国図書館大会分科会「戦争と図書館」の講演録。太平洋戦争中の思想統制、図書館人の抵抗、資料提供の自由などをテーマとする3つの講演を収録。圧制のもと図書館のあり方を考えるときぜひ手にしたい一冊です。

ISBN 978-4-8204-2403-1

no.16 図書館のマンガを研究する

「海外図書館のマンガ受容に関する大規模所蔵調査に基づく日本文化と今後のマンガ受容の図書館における研究」の成果を踏まえての講演録。ましての講演録言及されており、マンガという資料特有の課題を知るにも必要な一冊。

ISBN 978-4-8204-2311-9

no.15 「やさしい日本語」図書館員のための

外国人の状況や図書館の役割、「やさしい日本語」にとっての使い方にも役立つツールを教えてくれる一冊。日本語話者にとっても大切つつあるので詳しく実践的な「やさしい日本語」を用いて広く伝える、あらゆる利用サービスの一の。

ISBN 978-4-8204-2306-5

no.14 新著作権制度と実務 めるために

件と…れ…ます…図書館…となり、「国民の知的アクセス」の向上への連携の一冊で期待に応えることが求められている現在、必向…

ISBN 978-4-8204-230…

冊 好評発売中！！

no.13 図書資料の保存と修理 その基本的な考え方と手法

日図協資料保存委員会で長年資料保存の仕事に携わってきた著者が、東京都立中央図書館での講師を務めての研修会で語った内容を「講義録」としてコンパクトな実践書でありまとめた資料保存の真の意義を確認できる好著。全国各地で講演・修務めての意見交換を一つの図書館サービスとして考える。

ISBN 978-4-8204-2218-1

no.12 非正規雇用職員セミナー「図書館で働く女性非正規雇用職員」講演録

公共図書館で働く非正規雇用職員の問題を取り上げたセミナーの記録。講演や報告、参加者の意見交換のあり方を考える。これからの図書館サービスに焦点を当て、課題に大きな一歩になる書です。収録。

ISBN 978-4-8204-2209-9

no.11 学校図書館とマンガ

「学校図書館にマンガ導入」等の章を通じて、学校図書館になぜマンガが必要か（理論編）、図書館にマンガを導入する意義を解説しています。学校図書館の蔵書に、海外でも高く評価されている一冊ではと訴えるマンガをぜひ学校図書館の。

ISBN 978-4-8204-2208-2

no.10 図書館の使命を問う 図書館法の原点から図書館振興を考える

塩見昇氏と山口源治郎氏による図書館法制定70周年記念対談と図書館法制定76回全国図書館大会における第12回分科会（1回）1月の展開を簡略に示した略年表記録と図版も収録。図書館法を考えるときに必備の一冊。

ISBN 978-4-8204-2206-8

no.9 現代日本図書館年表 1945-2020

1945年の太平洋戦争終結から2020年までの日本国内の図書館に関する出来事を社会の動きを簡潔にまとめた一年表で、将来に向けた図書館の成長や規模を知る現状を俯瞰・分析するのに役立つ内容です。評価し、一年表で、7750年間の図書館の成長や規模を知る現状を俯瞰・分析するのに役立つ内容です。

ISBN 978-4-8204-2114-6

4 図書館等公衆送信サービスと

図書館等公衆送信サービスを行うための「特定図書館」になるためには法令により研修を行うことが必要

JLA Booklet　既刊19冊　好評発売

no.8 やってみよう資料保存

図書館資料のすり減りや汚れ、カビや虫による対策、災害時の資料保存など、資料保存に関する基本的な解説。資料の取り扱いについて、基本から学べる入門書。図書館の保存対策や処分などの法的な責任もあり、資料保存は図書館の基本的な業務である。これから資料保存に取り組むために必読書。

ISBN 978-4-8204-2109-2

no.7 「図書館政策セミナー『公立図書館の所管問題を考える』講演録

2019年3月開催の図書館政策セミナー講演録。公立図書館の所管移管に伴い、自治体教育委員会から首長部局への役割移管や委託・指定管理者制度の導入に懸念、公立図書館の政策的視点から考察する一冊。会社運営や社会教育施設の重要性を考察する。

ISBN 978-4-8204-2007-1

no.6 水濡れから図書館資料を救おう！

「水濡れ」への厄介な大規模災害時の被災前の行動を解説。被災資料の救出方法の重要性、事例を詳しく紹介。図書館に関わる人々にとって貴重な情報源となる資料管理に関わる一冊。

ISBN 978-4-8204-1907-5

no.5 図書館システムのデータ移行問題検討会報告書

新システムへのデータ移行におけるルール化を提案。2018年12月17日に行われた学習会の記録も収録。図書館システムの中でパスワードの管理状況と課題をシステム変更に伴うパスワードの移行の現状と課題を解説。

ISBN 978-4-8204-1905-1

no.4 「図書館政策セミナー『法的視点から見た図書館と指定管理者制度の諸問題』講演録

指定管理者制度と図書館専門職員の法的関係や制度導入の疑問を法律の専門家の視点から指摘。法的な視点から管理者制度に関わる全ての人にとっての必読の書。入法的視点からのデメリットを明示し、制度導入要件などを検証。図書館

ISBN 978-4-8204-1812-2

no.3 「図書館の自由に関する宣言1979年改訂のころ

1979年改訂の宣言に関する直接かかわられた方がたの貴重な証言から、当時の時代状況や現場の雰囲気などがよく伝わってくる一冊。「宣言」改訂に出版や講演会や解説などから証言録

ISBN 978-4-8204-181

すから，普通，教育委員会が図書館長を任命しないというケースがありますかね，普通ならば。したがって，置かない場合というのは，指定管理者を導入することが所与の前提になってしまっている。それで置かないことができる，という言い方って，やはりおかしい。このおかしさをたぶん気がついている人，多いはずなのですよ。私が，個人的に言えば，文科省に聞いてみたいですね。こういう解釈って許されるんですかと，あるいは，図書館協議会の理解の仕方について文書で照会してみたいなと思ったりします。どんな回答返ってくるのですかね。

次です。実際に実務上指定管理者が導入された図書館では，指定管理者によって選任された図書館長がたぶんいるでしょうね。一定の組織に長がいないというものは基本的にありませんから。そうすると，指定管理者によって任命された図書館長は，どんな権限を行使するのでしょうか？

(3) 文部科学省の解釈変更

文科省の解釈ですけど，公立図書館に指定管理者制度が導入されたことによって，当然に図書館長の権限を指定管理者が選定した図書館長が行使できるというふうに解釈していますよね。そうすると，指定管理者が選任した図書館長と，行政が留保すべき権限の行使と，どういう関係に立つのかということがとっても気になるところです。制度上，行政側に留保されている権限もあるのですが，これは後ほど申し上げますけれど，地方自治法に書いてあります指定管理者の導入に関する規定だけで，公務員である図書館長の権限が法的な根拠もなくして，当然に民間人の方に移転するというふうに考えるのは，解釈のし過ぎだと思います。

通常，指定管理者に移る許可権限は，たとえば，図書館の会議室の使用許可権などが典型的な例にあがります。図書館の中に自動販売機などが置かれるケースがあります。あれは地方自治法上，目的外使用許可という許可権限に基づくものです。これを市町村によっては行政の側に留保しているところもあります。明確な権限配分をしなければ，図書館の管理運営に関することだったらということで，ひょっとして指定管理者に移ってしまうかもしれませんが，行

政財産目的外使用許可というのは行政処分なのです。したがって，審査請求などの不服審査制度の対象になりうる行為なのです。それを民間人が行使できるとは，とうてい思えません。したがって目的外使用許可の権限が行政側に留保されるというのは，とても理解しやすい考え方です。ただし，指定管理者の制度設計の中でそれぞれの権限配分が一覧表などで，よく地方公共団体でつくられますが，そこにおいては，会議室などの許可権限は指定管理者に移るという取扱いをするのがほとんどです。

　したがって，合理的に解釈すれば，行政権限，公権力の行使に当たる権限は行政側に留保され，それ以外の権限については，許可権を含めて指定管理者に移るというのが，どうも権限配分のありようのようです。しかし，そのことを法律上，どこに書いてあるわけでもありません。そう解釈されているということです。そういう解釈は，総務省の官僚の頭にあるのか，内閣府の官僚の頭にあるのか私にはわかりませんが，少なくとも制度設計はそうされているようで，また実際にそのような説明をされているようですが，そう解釈すべき法的な根拠はどこと聞かれれば，実はどこにもないのです。そう解釈されているということだけなのです。

(4) 図書館長と指定管理者職員と法的関係について

　それと続けて申し上げることになりますが，今申し上げたとおり，図書館の館長はそもそも公務員でなければならないというのが，図書館法の素直な解釈だと私は思っておりますので，仮に公立図書館について指定管理者制度を導入し，一方，教育委員会が図書館法どおりに公務員を図書館長に任命したとします。そうすると公務員の図書館長と指定管理者の図書館長が併存することになります。その場合の法律関係はどうなるかということです。言葉を変えれば，公務員である図書館長から指定管理者の職員が指揮命令を受けることになるのかどうかということです。

　みなさん，この話を聞いたときにぱっと思いつくのが，たぶん労働者派遣法（以下「派遣法」という），偽装請負の問題でいろいろ議論になりましたよね。あの法律です。派遣法の場合には，派遣労働者は派遣先から指揮命令を受けて仕

事をすることになります。それは，派遣法にそうした業務形態を法律上認めているからです。つまり労働者派遣法では，ある会社から別の会社に派遣されたときに，普通は派遣元の職員のわけですから，派遣先の職員から指揮命令を受けることは本来あり得ないはずなのですが，「それは法律でそういうケースもOKにしようぜ」と，法律がそうしているから，そういう関係が成立することになるわけです。

　偽装請負の問題は，委託契約にもかかわらず指揮命令に服させたということで問題になったケースです。委託契約というのは，仕事の完成に対して報酬が支払われるわけですので，そこに指揮命令関係は成立しません。仕事をするか，しないかだけが問題になるわけなのです。そうしますと，指定管理者の館長と公務員の館長が併存することになると，図書館という施設に二つの指揮命令系統が存在するということになりますよね。そういった状況を法律が容認します？　そういうことが想定できるにもかかわらず。

　第一に民間人は公務員から指揮命令されるいわれはないのです，関係ないのだから。公務員は公務員の世界，民間人は民間人の世界であって，そこに法律の根拠がなければ指揮命令関係など発生するはずがないのです。そういうことになりますと，どう見ても図書館法というのは指定管理者の制度を想定しているとは思えないのです。無理やり導入するということになれば，いわば木に竹を接ぐような形にならざるを得ない，というのが私の印象であります。

　したがって，結論だけ申し上げますと，公立図書館に指定管理者の導入はそもそも法制度として想定されていない。仮に図書館関係法を解釈により変更することには，これも無理がありますねと。したがって，公立図書館に指定管理者制度はなじまない。そもそも想定していない。導入すべきではないというのが私の結論であります。

注
1)　構造改革特区（第5次）文部科学省回答　指定管理者制度を活用する公立図書館の館長・専門的職員等設置規定の弾力的運用について（大阪府大東市図書館運営特区）

4　指定管理者制度の導入再考

(1) 地方自治法の指定管理者制度導入要件の再検討

　それから，これは図書館に限る話ではないのですが，指定管理者制度の導入再考というところをご説明したいと思います。地方自治法上の指定管理者制度導入の要件は，繰り返して申し上げて恐縮ですが，公の施設の設置目的を効果的に達成するためということでありまして，公の施設の設置目的というのは，その施設を直接住民の利用に供することによって住民福祉の向上に資するためということになります。つまり，図書館に指定管理者制度を導入するということは，これによって図書館の機能が増進し，住民に対する図書館サービスが充実することが唯一の目的でなければならないはずです，少なくとも法的には。このことは，たとえば，メリットとされます開館時間が延長されるということだけではなくて，たとえば，多様性のある選書とか効果的なレファレンスなど図書館に期待されるすべてのサービスが向上することが必要ではないでしょうか。

　こだわって恐縮ですが，特定の図書館を念頭に置いているわけでも必ずしもないのですが，地域の賑わいなどの地域振興のために特定の事業者を招聘するといったような必要があるという，そういう動機というのは，本来図書館法の目的とは異なるものであるわけで，言わば他事考慮ということになるかと思います。導入するのが首長さんであれば，首長さんは政治家としていろいろ判断をするわけでしょうから，そういう政策的判断まで禁じる趣旨かといえば，必ずしもそうは言えないかと思います。しかし，少なくても地方自治法はそういうことについて一言半句も触れていないことになるかと思います。とりわけ特定の事業者が指定管理者に参入しようとするときには，当然その企業の経営戦略がありますよね，経営目的，参入目的があるわけです。それに対して，地方公共団体が協力しなければならないいわれはまったくないということです。目は常に住民の方になければいけないということです。

(2) 公物警察権からの再考

　それともう一つ，公物警察権という側面からお話をさせていただきます。最近，図書館には図書館クレーマーというべき，いわば困った利用者が増えているというふうに言われています。私は『図書館と法』[1]という本を出してしまった責任上，研修の講師があれば，基本的にこれまではお受けしてまいりました。その研修の講師は，北は北海道，南は沖縄までいろいろな所へ行きましたけれど，まず例外なく出てきた質問は，困った利用者をどうしましょうか，どうすればいいんでしょうか，という内容であったわけです。図書館に対して普通の苦情だけではなくて，とても理不尽な要求をする人もあるというふうに聞いております。こういう事態のときに図書館長はどうするのか，図書館の職員はどうするのかということですが，図書館における多くの利用者の権利を確保し，円滑な図書館運営をするために図書館長はこれらの困った利用者に対して図書館内の平穏を維持するために図書館利用規則，図書館運営規則に基づいて退館を命じたり，あるいは利用を制限することがありえますよね。ほとんどの規則にそういう条項が必ず入っています。ほぼ必ず入っているといっていいかと思います。

　こうした図書館長の権限は行政法上どういう分野に位置づけられるかといえば，いわゆる公物警察権に分類されるものであります。公物警察権[2]は，その公物，公のものについて秩序を維持するために必要な権限を行使するということになります。もちろん事実行為もありますでしょうし，権力的な行為もあります。とりわけ「困ったさん」に対して図書館の利用を制限したり，退館を求めたりすることは，公権力の行使に当たる行政処分です。住民の図書館利用権を制約するわけですので，行政処分に当たります。行政処分については，先ほどちょっと申し上げましたけれど，不服申し立てが可能です。不服な人は不服申し立てができるのです。現行の制度では，首長に対して不服申し立てをすることになります。不服申し立てを受けた首長が，それに対して裁決する場合には議会の諮問が必要です。議会にかけなければいけないということなのです。公の施設の利用について，そこまで厚く住民の方々を保護するのかということで，いろいろ議論はなくはないのですが，現行制度は少なくともそうなってい

ます。そうすると図書館長はそういう内容を有する公権力の行使，公物警察権を持っているものなのです。

　公物警察権は，公権力の行使ですから，公務員以外が行使することはあり得ません。民間の人が公物警察権を行使するということは，法的に想定されていないということです。そうすると，指定管理者の選任した図書館長さんが，図書館利用規則，図書館管理規則などに書いてあります館長の権限を行使することはできないということになります，論理的には。

　そうすると，指定管理者の図書館長ができるのは，せいぜいが事実行為としての退去勧告です。やめてくださいなと。相手方が「いや，そうはいかないな，俺は言いたいことがあるんだ」「言いたいことは言わしてもらうよ」ということで，たとえば，カウンターをバンバン鞄で引っぱたいたり，図書館職員に対して罵詈雑言の類を言ったり，そのように図書館利用者にとって，とても対応できないようなケースがあったときに，最終的には公権力を行使しなければならないかもしれない。だからこそ，図書館利用規則の中で退館を命じたり，利用を制限したりすることができるという規定を置いてあるわけなのですよ。これは単に権力的な対応をするということではなくて，多くの図書館の利用者の利用を確保するための措置なわけなのです。それがそもそも指定管理者の図書館長ならば，指定管理者は民間人ですから，公権力は行使できない。なぜ行使できるのだろうか，公権力の行使なのに公務員以外の人間が行使することは法が想定されていることなのかと言われるのであれば，私はそれに対して否と言わざるをえません。したがって，昨年度の全国図書館大会で，指定管理者が図書館長の業務を行うことができるということに対して，報告者[3]がそれは文科省からの回答で決着済みだとおっしゃったので，それは違うだろうということで質問をさせていただいたということなのです。

　公物警察権の問題は，指定管理者図書館だけではありません。およそすべての公の施設について，その長はそういう権限を行使することができるわけですので，図書館に限らず指定管理者制度を導入した公の施設については全部同じような問題が生じます。ついでに申し上げますと，お前だけがそう思っているのだろうと言われても困りますので，文献を当たってみました。これによりま

すと，国の文献の中でも，公物警察権は行政の側に留保されています。これは間違いないことです。この問題は，実はPFIでも同じです。国の研究報告書の中には，権力的な公物警察権は行政側に留保される。非権力的な，つまり事実行為としての公物警察権があるならば，それは場合によっては民間に委ねてもいいのかなという筋の記述がありました。しかし，少なくとも公権力の行使に当たる権限については，これは指定管理者に委ねないというのが，国でも普通の理解の仕方になっています。先ほど，行政財産目的外使用許可の話もしました。つまり，およそ行政処分に分類される行為については，指定管理者に委ねないのだというのが，基本的な理解なのだということです。

こういう状況を解消する方途はないのかと言われれば，私ならば法律をつくれと言いますね。「指定管理者基本法」といったような法律をつくるべきだと。その中で，今私が申し上げたような縷々疑問点を解消すれば，法律ならば憲法に違反しない限り，どんな法制度でもつくれるわけですので，そこでやってくださいな，というのが私の本音であります。そうすれば，私が素人の立場であれこれと言う必要はない。すべて法律的に決着つく問題なのです。ただし，指定管理者制度が導入されて，もう20年近くなりますよね。今さらこんな法律つくれるかとは思いますよ。国家公務員にしてみれば，こういう法律をつくること自体，この制度に大きな欠陥があったということを認めることになりますので，そんなことをするとは正直思いません。だったら，現在のあり方をそのまま強引に推し進めてしまうか，ということになるのかなという気がいたします。国家公務員の方がいたならば，余計なことを言うなとお叱りを受けるかもしれませんけれども，私はそういうふうに感じております。

注
1) 鑓水三千男著『図書館と法：図書館の諸問題への法的アプローチ』日本図書館協会，2009（JLA図書館実践シリーズ12）（改訂版：2018）
2) 公物の使用関係の秩序を維持し，社会公共の秩序に対する障害を除去することを目的とする作用（出典：鑓水三千男［著］「指定管理者制度の一断面－公立図書館への指定管理者制度導入の諸問題」（北村喜宣ほか編『自治体政策法務の理論と課題別実践－鈴木庸夫先生古稀記念』第一法規，2017所収）p.182）

3) テーマ：公立図書館の指定管理者制度　講演：山本昭和（椙山女学園大学文化情報学部教授）「指定管理者制度の弊害について」

5　図書館への指定管理者制度導入の現状

(1) 図書館に対する指定管理者制度導入の現状

　さて，もうみなさんご承知かと思いますけども，念のため，整理といたしまして，図書館への指定管理者制度導入の現状について簡単に触れておきたいと思います。

　公立図書館への指定管理者の導入は平成28年（2016年）4月現在，全国で3,315館のうち541館[1]で行われているそうです。だいたい15％強くらい。しかし今後の導入方針を聞くと，今後も制度を導入しないという回答が，したがって7割以上存在するということになるわけです。その理由ですけども，これは日本図書館協会（以下「日図協」という）がいろいろ調査している中で明らかにもなっておりますが，図書館の継続性，安定性，専門職員の確保・育成，他機関との連携の困難性[2]などから見ると，そもそも直営で経営する施設ではないのかと，そういうふうに認められるからだというふうにコメントをしているようです。したがって，いろいろ言われる割には以前よりは進んだという言い方もできましょうけれども，全体のせいぜい15％なのだと言ってもいいかもしれません。黒（指定管理者制度を導入済み）と白（指定管理者制度を導入しない）とを混ぜれば，たぶん圧倒的に白が多いのでしょうね。

(2) 図書館に対する指定管理者制度導入の見直しの傾向

　最近では指定管理者から直営に戻す例も見られます。その一つとして，下関市中央図書館（山口県）がありますが，その指定管理者から直営に戻す理由について生涯学習課長が議会で報告[3]しております（巻末参照　p.75）。こういう言い方をしています。「制度導入以来，開館時間の延長，開館日数の増加，利

用者数や貸出冊数が増加した点はメリットとして評価できるけれども，公立図書館は生涯学習と文化の発展に寄与するために設置された公の施設であり，地域文化を支える知の宝庫として市民とともに育つ社会教育施設であることから，設置者である地方公共団体の主体的な運営の取り組みが望まれる」と，こういう説明をしております。

　もちろん公務員ですから，いったん指定管理者制度導入したことは，あれは失敗でしたと絶対言いません。そこで「開館日数が延びました。開館時間も延びました。貸出冊数も増えました。入館者も増えました」と説明するでしょう。指定管理者制度を導入するときの評価として財務担当部局が必ずこだわるのは，貸出冊数と利用者数の増です。これがなければ効果を認めないよ，という評価をされることがとても多いのです。したがって，図書館の他の機能，他機関の連携だとか郷土資料の収集，保存，整理だとか，レファレンスの能力の向上といった，ある意味でソフト部門はまったく評価になりません。評価しようがないから，数字として出てこないので。したがって，指定管理者を導入するときに必ず言われるのは，「利用者数が伸びました。貸出冊数も伸びました。だから指定管理者制度は意味があるのです」こういう言い方になるのがほとんどかなと思います。確かに指定管理者導入によって開館時間が延びたり，貸出冊数が伸びた例はあるのだろうと思います。しかしながら，これはくどくて申し訳ありませんけど，指定管理者を導入するための大きなメリットの一つとして図書館法第 3 条に規定する図書館奉仕の全面的な向上が求められなければ意味がないのではないかと私には思えるわけです。貸出冊数が伸びるだけじゃないよね，ということです。

　それから見直しの例といたしまして，佐賀県の鳥栖市[4]では指定管理者制度の導入条例が否決されたという例があるようです。理由は市民が無料で利用する施設に民間の発想で経営することはそもそもなじまないのだと，そういう理由のようです。それから，佐賀県の佐賀市[5]，これは NPO に委託していた市立図書館の一部を直営に戻す方針が示されたということのようです。理由ですが，図書館は他の施設と異なり，司書の専門性の蓄積や図書収集などの教育文化の発展という機能を発揮するためには直営の必要があるということのよう

です。愛知県の小牧市[6]では，佐賀県武雄市立図書館の指定管理者と，もう1社が企業連合を指定管理者として想定して行った事業について，住民投票によって導入が撤回されたという事例もあるようです。

注
1) 『資料　総務省「地方行政サービス改革の取組状況等に関する調査」2016年調査結果にみる指定管理図書館の状況』日本図書館協会，2017，p.3
2) 「公立図書館の指定管理者制度について - 2016」（パンフレット）日本図書館協会，p.3
3) 下関市議会　平成26年9月8日文教厚生委員会09月08日-01号（巻末参照 p.75）　下関市役所ホームページ　URL：http://www.city.shimonoseki.lg.jp/
4) 鳥栖市議会　平成22年鳥栖市議会第9月定例会議事録　平成22年9月21日（巻末参照 p.81-83）　鳥栖市役所ホームページ　URL：http://www.city.tosu.lg.jp/
5) 佐賀市議会　平成22年佐賀市議会第9月定例会議事録　平成22年9月13日（巻末参照 p.78-81）　佐賀市役所ホームページ　URL：https://www.city.saga.lg.jp/
6) 小牧市議会　平成27年小牧市議会第4回定例会会議録　平成27年12月9日（巻末参照 p.83-86）　小牧市役所ホームページ　URL：http://www.city.komaki.aichi.jp/admin/

6　自治体と住民の政策選択

　最後に申し述べますが，指定管理者制度の導入はあくまでも住民福祉の観点からということになるはずです。繰り返し述べましたように，地方自治法上，指定管理者制度の導入のための要件は，公の施設の機能を増進することであって，公の施設の本来的な機能に照らして指定管理者の導入の可否が議論されるべきであろうと思っています。したがって，公の施設の運営経費を削減するためという動機は，長の発想としては理解できますが，法律上の要件ではない，動機にはなるでしょうけども，それは副次的なものなのだというべきなのだろうと思います。とりわけ図書館が社会教育施設である観点，あるいは住民の生涯学習の権利などの基本的な人権保障するための文化施設であるという観点から言っても，経済的合理性とか財政的理由だけで公の施設のあり方を考えるこ

とは適当なのかどうか，もう一度検討していただきたいと思います。

　建前論と言われるかもしれませんけれども，公立図書館というのは，地域の知的財産を継承したり，将来の文化財として承継するために直営であることは，本来必要ではないか，地方公共団体が責任を持って経営を続けるべき施設なのではないかというふうに思います。とりわけ，たとえばレファレンス機能の増進とか郷土資料の収集，保存，整理だとか，いわばソフト的な部分，目に見えないような部分について，本来もっと大事にしていただきたいと思うわけなのです。指定管理者制度を導入したときに図書館がどういう状況になるかは，最終的には住民の責任です。自分たちの代表である議会で決めたのですから。したがって，もし議会で導入することを決めるのであれば，必要な情報は全部開示してほしい。少なくともブラックボックスの中で，いつの間にか条例が出ました，住民が知らない間に条例が通っちゃいました，導入されちゃいましたという状況は避けていただきたいと思います。

　佐賀県の武雄市で指定管理者が導入されたときに，聞くところによると，あくまでも聞くところによるとですが，当時の市長さんが渋谷区代官山の本屋さんに行って，とっても気に入って，それでただちに経営者と意気投合して，協定を結んじゃったということのようです。それが本当かどうかわかりません。本当だとすればということですが，もしそうだとすれば，教育委員会の権限に属する社会教育施設の管理運営について，首長が教育委員会に断りなく勝手に話をすすめたのかいなと，私はとっても気になります。しかも，地教行法によって議会に教育委員会案件の条例を出すときには，教育委員会の意見を聞かなければならないという規定があるのです。そのときに教育委員会は，もし聞かれたとするならばですが，どんな回答をしたのだということです。仮にOKという回答をしたのであれば，どういうことを議論したのですか，自分たちの権限に属する施設が民間企業の経営に移るということについてどう考えるのですか，図書館についてどんな方針をお持ちなのですか？　ということを聞いてみざるを得ないでしょうね。最終的には議会の議決を求められますので，指定管理者の導入については，形式的には住民が同意したということになるわけなのですが，そのためには十分な情報が開示された結果，十分議会で議論された結

果，そういう方針を決めるべきだと強調しておきたいと思います。一地方公務員である私の切なる願いであります。

7　指定管理者制度導入の実質的諸問題

　それから，最後に指定管理者制度の導入についての実質的な問題を，いくつか整理させていただきたいと思います。実質的なデメリットがあるのではないかと思われるからです。

《図書館の指定管理者制度導入の実質的なデメリット》

その1　＜図書館経営の劣化＞
　先ほど申し上げたとおり，いったん指定管理者にして，それを戻した例もありますので，必ずしもこういう言い方は妥当じゃないのかもしれませんけれども，図書館にいったん指定管理者制度を導入した場合に，早期に当該政策を撤回するのでなければ，時間の経過とともに元に復することはきわめて困難になると私は思います。つまり，図書館経営のノウハウを持った職員が異動や退職で散逸することになります。そうすると，指定管理者制度を導入した結果，何らかの問題が起きて直営に戻そうとしても現実的には難しいことになりかねない。もちろん3年ないし5年で見直しをされるのですけれども，いったん指定管理者制度を導入したときに，これを途中で撤回することはなかなか難しい。とりわけ行政の側が今までしてきたことを，いわばひっくり返すわけですから，その説明をしなければならない。これは意外としんどい話です。しっかり議員の方々に根回ししなければ，すんなり通るような話ではありません。そもそも制度を入れたのは誰なのだ，誰が責任を持って入れたのだ，それをなぜ今さら撤回するのだと，入れたときの説明と違うことなのか，ということを言わなければいけないということになるわけです。普通，地方公共団体の職員の発想か

らすれば，とっても嫌うことです。役人の発想から言ってもとても喜んでやるような作業ではありません。

その2　＜図書館費の減額と収益事業が不可避＞

　それからもう一つ。図書館には無料原則があります。したがって，指定管理者は，図書館業務そのものでは十分利益を上げられないおそれがあります。もともと指定管理者制度を導入する動機で，費用の削減というのがあるわけなのですから，これまでに増して潤沢の資金を出すとはとうてい思えません。財務部局は，指定管理者制度を導入するということは，図書館の費用を削っていいのだよねと，削って当たり前だよねと，せいぜい現状維持ですよ。だって図書館資料の購入費用だって年々減らされているわけでしょう。そういうときに，委託費だけを増額して出すなんてことは，まず考えにくいことですよね。そうすると，指定管理者とすれば，ある意味付属的な収益事業を行うことが不可避になるのではないかということを懸念します。

その3　＜利益追求のために低劣な条件での処遇＞

　やらないというところもあるかもしれません。やるというところもあるかもしれません。やるという前提になるわけなのですが，そうすると副業に熱心な指定管理者を生み出すことになりませんかと，これは単なる杞憂であればいいとは思います。しかし，そうでない例も佐賀県の方にありますよね。行政からの委託費が十分でない場合には，人件費を削減して利益を上げるほかはありません。したがって，指定管理者の図書館で勤務する職員の処遇は，常識的に考えれば一般的に低劣にならざるを得ない。官製ワーキングプアの温床になりかねないということです。加えて指定管理者制度参入の経費削減によって不適切な選書が横行することになりはしないか，図書館の本来的な機能に悪影響を及ぼすことはなしとしないのではないかという疑念があります。とりわけ指定管理者制度を導入したどこかの図書館で，ダミー本とかディスプレイ用の洋書が並べられたり，古本が選書をされたりした例がありましたよね。あれは経費削減のための発想とすれば，なるほどなあと思えないわけではないです。

その4 ＜長期的な安定雇用が望めない＞

それから指定管理者は，原則3年ないし5年で再考されます。したがって，その指定管理者に雇用されている職員は，ほぼほぼ常勤として雇用されることは，まずないと考えます。有期限の職員とならざるを得ず，雇用形態はきわめて不安定なものになります。この前，全国図書館大会で報告者が述べておりましたけども，ある大手の指定管理者の図書館関係業務の職員の90数パーセントは非正規だったという報告の事例がありました。

その5 ＜計画的研修による技術などの蓄積が望めない＞

それと図書館職員の業務ですが，単に本の貸出，出納だけを仕事にしているわけではありません。無料貸出事業をやっているわけではないということです。常に市民の要請に基づいて適切な読書指導をしたり，レファレンスに心がけなければならない。そういった意味では，図書館司書には不断の研鑽が求められます。そうすると，有期限の指定管理者職員で研修が計画的，費用的に十分行えるのかなあという懸念もないではない。やっているところもあるかもしれません。それを一般的に期待していいのかどうかということです。

その6 ＜費用削減が優先される制度の仕組み＞

それと，これは行政の側の問題ではありますが，自治体によっては，費用削減を優先するあまり，低廉な管理費用を提示する指定管理者を指定してしまうことがないとは言えない。実際にそういう例がありましたから。つまりこの場合，図書館経営に十分な知見を有していない者が選定される可能性も否定できないということです。逆に経験豊かな大手だけが指定管理者に指定されるということになると，広く民間に公的部門の事業を公開するという理念に則した結果にならないですよね。特定少数の事業者のための制度になっちゃうのですか，ということになります。それは選定の結果ですから，しょうがないといえば確かにそうなのですが，ほんとにそれは制度設計上，適切なものであったのかどうか，という疑念なしとしないところであります。

いま縷々申し上げました，そういうことは，基本的に指定管理者制度導入するときに行政からも，指定管理者からも種々の問題点について私どもはこう考えています。これはこのように解釈できますということを説明する責任があるのではないかと，そのように考えます。とりわけ行政の方の責任は重い，なんとなく費用削減でいいよねということで，あるいは開館時間が延びるからいいよねということで，導入してしまうような制度ではなかろうということです。

8 結びに替えて

　以上のとおり，私は図書館への指定管理者制度の導入については，図書館固有の問題もあり，指定管理者制度一般の問題もあると考えています。公物警察権などは一般的な問題になるかと思います。指定管理者制度は，ご案内のとおり小泉政権下の規制改革の中で具体化したものであります。改革を急ぐあまり十分な法的整合性を検討してこなかったのではないかという印象を強く持っています。
　とりわけ公物警察権に関しては，図書館だけの問題ではなくて，公の施設一般に言える議論であります。つまり，法的根拠なくして公務員以外の者が公権力の行使に当たることができるのか，そういう問題であります。これについて，本来行政法学者が一定の解釈なりを示すべきなのでしょうけれども，私の承知している限り，そういうことを示した学者さんはいらっしゃいません。むしろ，『指定管理者制度のすべて－制度詳解と実務の手引き（改訂版）』という書籍の中で，著名な行政法学者が監修しているにもかかわらず，図書館長を指定管理者が務めることができるかといったような問題については，大東市（大阪府）の特区の回答をそのまま載せています[1]。つまり何の議論もしていないということです。論理的におかしいと思えるのに。その行政法学者はきわめて著名な方です。本当にちゃんと監修しているの？　と言いたくなるような結論なのですよ。私みたいに一介の公務員だって変だなと思う話であり，お話をすればた

ぶんみなさんも何だか変だよねと思われるでしょうけれども，そういう素朴な疑問について何の回答もされていないということ自体，大きな問題だろうと思います。

　法的な根拠なくして公務員以外の者が公権力の行使に当たることができるかという問題があるということを申し上げましたけれども，実は前例があります。それは，建築確認における建築主事の権限を民間に委ねるという事例があるからなのです。ただし，これは建築基準法の中にちゃんと制度的な担保がされています。制度として法律に規定されているからなのです。法律が認めていれば，それは許されるでしょう。先ほど申し上げたとおり，法律は憲法に違反するのでない限り，どういうことでも規定してかまわないのですから。指定管理者導入について，さまざまな法的な問題があるというのであれば，法律を制定してこれらを解消すべきだと考えます。そうしないままに，この制度をなし崩し的に導入することは，決していいこととは思いません。

　先ほど申し上げたことを繰り返すことになりますが，図書館に指定管理者制度を導入する場合のさまざまな法的な問題について申し上げましたけども，そうであれば「指定管理者基本法」といったような法律，一般法を新たに制定して，指定管理者の職員に「みなし公務員」としての地位と権限を付与する。個別の対応として公の施設の根拠法令，たとえば図書館法なら図書館法を改正して，あるいは地教行法を改正して，あるいは地方公務員法を改正した上で，指定管理者の職員を任期付きの「みなし公務員」として，図書館長あるいは図書館職員に任命し任用できるような，そういう法的な措置を講ずるべきなのではないかと，それができないのであれば，図書館に指定管理者を導入すべきではないと申し上げておきたいと思います。

　ただ，私はたまたま法的な仕事を永くやってきた職員ですので，法的な視点からあれこれ申し上げてしまいますけれども，実は本質的な問題は区々たる法解釈の問題ではないのかもしれません。つまり，図書館という施設の本来的な機能にかんがみて，指定管理者制度を図書館に導入することが，本当に図書館という施設の本来的な機能，趣旨，目的に照らして必要なのかどうか，図書館というのは無料貸本事業をやっているのではないと申し上げましたけれども，

8 結びに替えて

大きな役割の中の一つに地域の文化を育て，継承していくべき役割を担うのではないですか，ということです。

　図書館についていえば，各種の憲法上の諸権利，知る権利，学習権，参政権，幸福追求権等々に奉仕することを想定しておりますし，郷土資料の収集・保存などを通じて地域文化の保存とかあるいは読書教育などを通じて，次世代の読者を育てていくという役割も担っているわけです。そういう施設が営利企業に，言葉は悪いですが，商売の対象として管理運営させちゃっていいのですか，本当にそういう施設にふさわしいものなのですか，図書館というのは，ということを改めて問いたいと思っております。

　図書館法に規定する内容が，指定管理者を許す制度なのかどうかということを縷々申し上げてきましたけれども，図書館法はこれまで何度も改正されてきております。しかし根幹に属する部分の改正はありません。図書館法制定当時は，図書館について民間委託という視点はまったくなかったものです。全部公営だったわけですから，私立図書館を除いて。そうすると，図書館法の立法者意思としては管理委託制度も指定管理者制度も，そもそも考慮の外であったと考えるべきなのだろうと思います。したがって，その後の社会状況の変化によって法環境が変わったと言うのであれば，図書館法もその法的環境の変化に伴って所要の改正をすべきなのだと思います。もちろん，その際にはいわゆる立法事実が要求されますので，図書館とは何か，図書館のあるべき姿とは何か，図書館は何のために存在するのかという，そもそも論から検討されるべきであると考えます。

　図書館の役割は，今申し上げたとおり広範に及ぶものです。行政の役割もまた同じです。行政の役割，公の役割はやはり広範に及ぶものですけれども，その一つとして営利事業になじまない事業を公がその責任において実施するという観点もあるのではないでしょうか。図書館は，正しくそれにふさわしい施設であろうと思っております。

　以上，駆け足でお話することになりましたが，私のお話は以上で終わらせていただきます。ご清聴ありがとうございました。

注

1) 『指定管理者制度のすべて－制度詳解と実務の手引き（改訂版）』第一法規，2009，監修：成田頼明「自治体から寄せられた質問と回答　Q63　館長業務を含めた図書館の管理業務を指定管理者に行わせることはできますか。」［参考資料］構造改革特区（第5次）文部科学省回答，p.126-127

質問の時間≪当日の質疑応答≫

司会

　ここからは，質問の時間とさせていただきます。最初に，図書館政策企画委員会でセミナーの準備の過程で出てきた質問がありますので，よろしくお願いします。

【質問1】日本弁護士連合会の指定管理者制度基本条例案，利用者が指定管理者の職員から受けた被害と国家賠償法

　今日は，貴重なお話をありがとうございます。一つは，先月，日図協で日本弁護士連合会（以下「日弁連」という）の太田先生をお招きして，指定管理者制度に関する基本条例についてセミナー[1]を開催しましたが，基本条例について先生のお考えをお聞かせください。もう一点は，利用者が指定管理者の職員から何らかの被害を受けた場合，国家賠償法（以下「国賠法」という）に基づく責任の対象になるのでしょうか。
（なお，指定管理者制度基本条例案は，日弁連の法務研究財団の弁護士有志の研究としてまとめたもので，日弁連として機関決定したものではありません。）

鑓水

・日弁連の指定管理者制度基本条例案

　日弁連が提示しております指定管理者基本条例の案（巻末参照　p.75-78）について，どういうふうに考えるかというご質問です。地方公共団体は，指定管理者制度を導入するについて条例を制定しております。したがって，問題は日弁連の提案した条例と相違点はどこか，あるいは内容はどうかということなのですが，私が見るところ日弁連の条例案の特徴は，一つとして，図書館や病院を対象から除いたこと，二つ目として，事前に指定管理者制度を導入するかどうかを，公の施設の設置及び管理運営の変更に際して検討することを求めたということ，三番目に指定管理者制度採用に際して，その職員の適正労働に配慮す

ることを求めたこと等があげられるかなということです。

その他，たとえば指定管理者導入後の実績評価とか，採用の際の第三者委員会の設置などは条例で定めているかどうかは別として，すでに各自治体で基準を設けて実施しているものであります。そのうち，各地方公共団体は，指定管理者制度の適正な運営を行うことを目的として運用ガイドライン，名前はいろいろあるかもしれませんが，それを設けているのが通常でありまして，その意味では日弁連の条例案が画期的なものというわけではないと思います。

私の見るところ日弁連の提案した条例で，もっとも重要とおぼしき問題は，その案は内容にかんがみて執行部から議会への上程は期待できないということです。理由は，案の第3条第2項に「前項の検討においては，公共サービスの水準の確保の観点から行わなければならず，経費の削減を目的として指定管理者制度を導入してはならない」という規定があるからです。もともと動機として，費用削減を目的としない指定管理者制度の導入は，基本的には考えられないことです。国がそう言っていますし，各自治体にお金がないことはみなさん承知のとおりでありまして，何らかの意味で費用削減が動機の一つになっていることは，これは疑いのないことです。にもかかわらず，執行部が自分で自分の首を絞めるような条例案を出すはずがないということです。指定管理者制度の大きな目的が費用削減にあるわけですから，費用削減を目的として指定管理者制度を導入してはならないというのは自己否定みたいなものですよね。

したがって，議員立法であればともかく，執行部提案によるこの条例案の上程は考えられないと申し上げておきたいと思います。これ公務員としての経験に則した感想です。ご案内のとおり費用削減については，もともと日図協の調査などによっても，年々図書館資料購入費は削減される傾向にありますよね。したがって，図書館資料購入費を減額する地方公共団体の長が指定管理者制度を導入する際に，建前はともかくですよ，本音として費用削減にその目的があることは容易に想像できることです。したがって，このような条文を入れた条例案が，繰り返しますが，執行部から議会に提案されることはほとんど期待薄です。

しかしながら，最近地方自治体の議会では，議員立法が盛んでありまして，

政策条例と称するさまざまな条例が提案されることがあります。ほとんどが理念条例になるわけなのですけどね。典型的には，日本酒乾杯条例みたいなものです。理念条例というのは，とてもつくりやすいんです。もうすでに例がありますから，それを複製して必要なところを変えればすぐできちゃいますが，条例をつくるときには必ず理由が必要です。これを私どもは立法事実という言い方をします。立法事実を明確にしなければ議会での説明ができませんし，条例なんかも通るはずがない。その立法事実として何をあげるかということです，指定管理者制度を首長が導入しようとするときに。建前は，地方自治法上の住民の福利向上ということになるのでしょうが，その裏側に費用削減があることは明々白々なので申し上げました。したがって，議会における質疑の応答の中で，仮に費用削減も考慮に入れていますというのであれば，本来そういう答弁というのは危ない答弁なのですよ。自治法上の要件に書いてないですから，ただし国はそう言ってますということになるのでしょうけどね。したがって，繰り返すことになって恐縮ですが，日弁連の条例案は理想的だとは思いますが，実現性に乏しいものかなというのが私の素朴な印象です。

・利用者が指定管理者の職員から受けた被害と国家賠償法

次に，国賠法の話です。指定管理者制度を導入した図書館において，指定管理者の職員の行為により，あるいはその管理に属する施設の欠陥によって図書館利用者が損害を受けた場合，誰が賠償責任を負うかということですが，結論から申し上げれば，公立図書館を設置した地方公共団体が負担すべきものと考えます。

公の施設における損害の発生における賠償責任は，本来国賠法によるところです。したがって，公権力の行使に当たる公務員が，故意または過失によって住民に違法に損失を与えた場合の要件に当たりますので，まず必要なのは，図書館の職員が公務員であって，その公務員が権力を行使する，サービスなどもそれに含まれると思いますけれど，そういうケースです。公務員である職員の故意または過失が要件なのですが，指定管理者の場合には公務員でありませんから，どうするかということになるわけです。しかしながら，その場合には少

なくても損害賠償に関する場面においては理念上，指定管理者の職員は一種の「みなし職員」として，地方公共団体がその責任を負うべきというのが公平な扱いではないかと思います。

　設置者は地方公共団体になるわけですから，また損害賠償の世界では利益の存するところに損失もまた帰すべしという原則があります。つまり，指定管理者制度を導入することによって地方公共団体は何らかの利益があるから導入するわけですよね。したがって，そういう利益を得る以上，指定管理者職員の行為によって住民が損失を受けた場合については，原則，地方公共団体が責任を負うべきではないかというのが，きわめて公平的な考え方でないかと思います。

　ただし，指定管理者と地方自治体との間に協定を結ぶことが普通です。その協定の中で，原則として第１次的には地方公共団体が損害賠償を負うけれども，もともと指定管理者の職員の行為によって生じたものだから，最終的には君のところに求償をするよと，通常，そういう規定を設けるだろうと思います。またそれが常識的な対応になるのかと思います。

　指定管理者に委ねられた図書館の施設の欠陥によって，住民が何らかの損害を受けた場合にも，設置したのが地方公共団体なのですから，管理運営上，明らかに過誤があったということであれば，違う判断があるのかもしれませんけれども，基本的には設置した地方公共団体が国賠法２条の規定に従いまして，施設の欠陥についての責任もまた負うべきものだと，このように考えます。

　これは，先ほどご紹介いたしました指定法人制度というのがあるのです。つまり，民間法人に対して一定の公共的な立場から公的な権力を行使させるというケースがあるわけですが，そういうケースも同じように考えられています。基本的には地方公共団体が責任を負うべきものかと，このように考えます。各地方公共団体の指定管理者運営の基準についても，ほぼほぼ同様の記述がされているところであります。

国家賠償法（国賠法）
第２条　道路，河川その他の公の営造物の設置又は管理に瑕疵があつたために他人に損

害を生じたときは，国又は公共団体は，これを賠償する責に任ずる。
2　前項の場合において，他に損害の原因について責に任ずべき者があるときは，国又は公共団体は，これに対して求償権を有する。

【質問2】委託の法律的な解釈と派遣の法律的な説明

委託についての本来的な在り方や委託内容について，法律的な解釈をうかがいたいということと，派遣についても同様に法律的な説明をうかがいたい。

鑓水

・委託の法律的な解釈

まず委託の関係ですが，かつては地方自治法の指定管理者制度の前の制度では管理委託ということがありました。あれは民法的な契約に基づいて行われてきたものです。今回の指定管理者制度は，行政が指定管理者を指定するという行政処分という形で構成されているようです。なぜそういうふうに構成されるかというと，別に法的な根拠があるわけではなくて，この制度を考えた人間がそういうものなのだと構成したからそうなっているだけのことなので，違う理解の仕方もあるのかもしれませんけれども，少なくても今，公の施設を民間に委ねる場合には，包括的な意味では指定管理者制度，個別のたとえば清掃とか警備とかについては業務委託契約，個別の業務委託契約によって処理されているはずです。場合によっては図書館の中でカウンター業務だけ委託にするという例もあるようですが，それは指定管理者制度ではなくて個別の委託契約ということになるのでしょう。個別の委託契約である以上，そこで働く個人と行政の側，図書館の側との間の個別の契約ということになります。警備とか清掃の場合は法人と契約することになるかと思います。

・派遣の法律的な説明

問題は労働者派遣法（以下「派遣法」という）です。派遣法というのはA社の職員をB社で働かせるということです。身分はA社の職員として，勤務形態はB社で働いて，その指揮監督を受けるということになるわけです。それは

法律上，派遣法の中にそういう規定があるからできることでありまして，そういう根拠がなければそもそもできない。したがって指定管理者の職員をたまたまA社が派遣法に基づいて派遣して，それを指定管理者の職員として勤務させるということがあるならば，それはできなくはないんでしょうけれども，非常にやっかいな話になりますね。

　そこの派遣された職員は，指定管理者の指揮命令を受けることになります，派遣法の主旨から言えば。そういう関係になるわけで，いずれにしても先ほど申し上げましたように，仮に公務員が図書館長に任命されたとしたときに，公務員である図書館長から指定管理者の職員が，あるいは派遣職員が指揮命令を受けることはあり得ません。法的な構造として。こういう関係になるかなと思います。

　派遣法に基づいて，職員が派遣されて指定管理者の下で働くというケースがあるのかどうか，私は承知しておりませんけども，考えられなくはない。とりわけ指定管理者にベテランの司書がいないときに，指定管理者に派遣する，あるいはすべき職員として，派遣側がベテランの司書をどこかから自分の職員として雇用しておいて，それを派遣するということはあるかもしれません。しかし，一般的ではないかなという感じはいたします。あまり明確な回答にはなりませんが，こんなところになりましょうか。

【質問3】利用者から指定管理者の職員が被害を受けた場合

　先ほど国家賠償責任の話が出ましたが，逆に利用者から指定管理の職員が被害を受けた場合は，どのような対応がされるのでしょうか。

鑓水

　国家賠償法の前提は責任を負うべきは地方公共団体，公的な団体であって，住民から暴行など指定管理者が被害を受けたときには民法上の問題になります。国賠法の適用対象にはなりません。これは法的な構造としてそういうことになるだろうと思います。たとえば，地方公務員が図書館員であったときに，住民の図書館利用者から暴行を受けたとしても，国賠法の適用を受けて，地方

公共団体が住民に対して訴訟を起こすわけではないです。あくまでもそれは，地方公務員個人が受けた被害として処理されることになります。国賠法の適用関係は，国，公共団体が損害賠償すべき存在としてできているということなのです。したがって，加害者として住民が出てきたときに，被害者が指定管理者の職員であれば，国賠法の適用にはなりません。それは，公務員が受けるのと同じことです。公務員が住民から暴力を受けたとしても国賠法の問題にはなりません。構造的にはそれと同じことです。

【質問4】図書館協議会の答申の法的拘束力

図書館協議会が諮問を受けて出した答申には，どの程度の法的拘束力があるのかお聞きしたい。

鑓水

図書館協議会も地方自治法でいうところの附属機関です。附属機関による答申あるいは建議などは，受けた側が，基本的には図書館長ですが，それを容れなければならない，従わなければならない法的義務を負うわけではありません。あくまでも参考です。諮問と答申という形になりますので，したがって，図書館長の上級機関であります教育委員会が図書館協議会の意見を踏まえて，どうするかをまず意思決定をすることになります。図書館は社会教育施設として教育委員会の所管に属しますので，教育委員会の意思をまるで無視して首長が自己の意思を貫徹できるかということになると，法的にはたぶん可能でしょう。法的には可能かもしれませんが，きわめて妥当性を欠くというようになるかと思います。

所管の教育委員会が指定管理者制度を入れないと言っているのに，首長が俺は入れるぞということになるわけで，執行機関同士で衝突が起きることになるわけです。最終的には地方公共団体の首長には総合調整権がありますので，「教育委員会がそう言うけどさ，私は入れたい」と言われたときには，教育委員会はたぶん法的には抵抗することはできないでしょうけれども，その反対したという事実は大きく残るでしょうし，たとえば議会で，議会答弁の中で教育委員

会は賛成したのかと、教育長が聞かれたときに「いや反対しています。これは首長が勝手にしたことです」となったらば、議会もめますものね。したがって、何らかの調整はされるでしょうから、そういう余計な心配はしなくてもよいのかもしれませんけれども、基本的には図書館協議会の意見というのは参考であって、教育委員会も図書館長もそれに従うべき法的な義務を負うわけではないということだけ申し上げたいと思います。

【質問5】公立社会教育施設の所管の在り方

先頃、文科省の生涯学習分科会で公立社会教育施設の所管の在り方の検討を始めており、首長部局に移すという話が出ているようです。具体的に県には意見照会が来ていますが、その目的がまちづくりとか賑わいのある施設づくりなどのようですが。先生ご自身はこの動きについてどのようにお考えでしょうか。

鑓水

法律で社会教育施設を長部局に移すというのであれば、それは法律に基づく作業ですので、図書館が教育委員会の所管から外れるということになるわけですよね。ただし、図書館が図書館法としての実質を維持しているのであれば、単に所管するだけならば同じような問題、つまりそもそも論として、そういう役割を持っている図書館が指定管理になじむのかという議論があるのだろうと思います。ただ、法律は先ほど申し上げたとおり、憲法に違反しない限り何でもできますので、実際、先ほど補助執行によってということもありましたが、確か出雲市(島根県)だったと思いますけれども、社会教育に関するものを丸々補助執行で長部局に移してしまったという例が確かにあったのです。

したがって、それはできないことではないでしょうけども、図書館が図書館としての機能を維持するために本当に指定管理になじむかどうかというのは、所管の有無にかかわらず議論にはなるのだろうと思います。図書館の本来的役割に照らして考えたときに、もともと指定管理になじまないというのが私の理解ですので、基本的に同じだろうと思います。たとえば、図書館同種施設、都道府県によっては首長部局に図書館と同じ、ネーミングも同じ、あるいは情報

何とかセンターと名前にすることもありますけれども，実質市長部局で設置している例もあります。この場合には図書館法を前提にできませんから，そこの施設における役割は全部条例で書かなきゃいけなくなるわけですよね。したがって，そういう意味では，外側は長部局だけど中身は教育委員会が所管していたものと実質的には同じではないかと言ったときに，やはりそもそも論とすれば先ほど私が縷々申し上げたような議論というのはないといけないのだろうと思います。ただ，形式的には教育委員会が任命する図書館長の話はなくなりますので，それはそれでかまわないのですが，公の施設の公物警察権などについては，依然として所管がどこであれ同じような議論が生ずるものとは考えます。

　一般的には法的には許容されますが，本当にそれでいいのかどうかというのは，また別の議論があるだろうと思いますし，お前個人的にはどうかと言われれば，長部局が所管しようと教育委員会が所管しようと，そこの形式的な法整備，法的な整合性がとれたとしても，実質的には指定管理者制度になじまない施設なのじゃないですかね，と思います。

【質問6】指定管理者の図書館長と訴訟

　指定管理者制度が導入され，指定管理者の職員が図書館長となった場合，図書館法に背理しているということで，訴訟を起こすことは可能でしょうか。

鑓水

　そもそも，誰が誰を訴えるかということです。もし教育委員会が長部局を訴えるのであれば，それは違う制度によるものですね。地方自治体の中での内部的な問題，権限配分の問題ですので，そこはそもそも裁判になじむ訴訟ではないと判断をされる可能性があります。で，しかも，たとえば，住民側が指定管理者制度にすべきでないということになったときに，指定そのものは行政処分だと申し上げました。行政処分について争う法的な立場に住民があるのかどうかということになりますと，ただちに肯定できないように思います。つまり訴えの利益がそもそもあるのかという訴訟技術的な問題もありますし，原告適格があるのかというややこしい議論にもなりますので，申し訳ありませんけれど，

にわかには回答しがたいです。ただ指定管理者制度の導入そのものは，議会の議決事項ですので，それを争う余地はないですよね，住民には。それは議会の議員を通じて意思を表明すべきものであって，訴訟になじむかどうかということになると，私は法技術的にはやや否定的です。ということで，ご勘弁いただきたいと思います。

【質問7】窓口業務委託

　指定管理の導入が全体の15％ぐらいというお話でしたが，窓口委託もほぼ同じ程度で減る傾向にはないのが現状であり，アウトソーシングの推進の中で窓口委託を公務現場に広げていく方向ですが，このような状況をどのようにお考えでしょうか。

鑓水

　窓口業務の委託については，窓口における図書館資料の出納が，図書館の根幹的な業務かどうかというのが，一つ大きな判断のメルクマールになるのだろうと思います。単に出し入れだけだったら自動処理をしているところもあるわけですので，だったら民間委託もなじむのではないかという考え方もあるのだろうと思います。ところが，図書館資料の出し入れのときに窓口の方は，その出納にかかわる資料の中身をチェックしたり，いろいろ他の作業もありますね。単に出納だけを委託しているわけではない。そうすると，たとえば，前は破けていなかったものが破けて返ってきたりとか，汚損されていなかったものが汚されて返ってきたとかいうときに，どういう対応をすることになるのだろうかなと，単純に出納だけで済むのだろうかいう気もしなくはないわけなのです。そういった意味で，かなり形式的な作業に見えますけれど，実は窓口における市民との対話とか交歓だとか，それもきわめて重要な図書館における業務ではないのかという気がするわけなのです。そういった意味で，一種の窓口業務の委託というのは，私に言わせれば，脱法行為に近いのではないかという疑いすら持っているくらいです。

　窓口業務の委託をするときには，そこに配置する職員は基本的にはどこかか

らまとめて派遣されるのか，個々と契約するのかわかりませんけども，もともと図書館などで非正規の方々については，臨時職員とか非常勤職員として雇用してましたよね，それが去年の6月でしたか，地方公務員法が改正されまして，一般任用職員とか非常勤職員とか臨時職員の任命根拠がきわめて不明確だということで，法律が改正されて，会計年度任用職員という一般職員の導入が決まったわけです。そうすると，1年ごとに会計年度ごとに更新することになるわけですので，そういった意味で技術が継承されるかどうかきわめて怪しい。図書館職員と住民との交歓みたいなことは不要だという，そういう考え方もあるのかもしれませんが，しかし，図書館が地域における施設であるならば，そういうことを通じて，たとえば，読書会の案内をしたり，レファレンスについての相談に応じたり，窓口の業務だからといって，図書館の根幹にかかわらないという言い方が本当にできるのかどうか，それについては，私は現場の職員ではないから自信がありませんが，本当は根幹的な業務の一部じゃないのかなという気はしています。

【質問8】 自治体の予算書案の読み解き方

『図書館と法』の改訂を控えているということなので，自治体の予算書案の読み解き方を盛り込んでいただければと思っています。予算書案を読み解くことが不慣れですので，何か図書館ユーザー，特にシニアになった人たちに素敵な人はたくさんいらっしゃいますので，ユーザー側から図書館を守っていけるようなノウハウをご研究いただけたらありがたいと思っています。よろしくお願いします。

鑓水

私は，地方自治体の予算や決算に関する知見は，地方自治法に規定されている一般的なもの以上に有してはいませんし，まして予算案の読み方に関する十分な知識を有してはおりませんので，私の守備範囲外になると思います。したがって申し訳ありませんが，ご期待には添えないと思われます。

【質問9】訴訟の判決文

お話の中で，足立区の竹の塚図書館，あともう1館あげてらっしゃって訴訟になったというお話をされていましたけれども，その訴訟の判決文はどこかで見られるのかなという疑問を持ちました。もし，図書館の資料で見られるのであれば，教えてください。

鑓水

インターネットで検索すれば，例えば，竹の塚図書館と打てば，その案件が出てきます。そこを経由して，最高裁判所に判例をまとめたサイトがあるのですよ。そこから取れると思いますし，日図協にも判決文があるかもしれません。なければ，インターネットを通じて検索することは可能であろうと思います。判決を出した裁判所の名前と日付と打てばだいたい出てきます[2]。

【質問10】日本の図書館協議会の論文

先ほどお話になった中で，筑波大学の修士論文で日本の図書館協議会の研究があるとのお話でしたが，これは，インターネットで見られますか。

鑓水

これも，インターネットで検索可能です[3]。

司会

その訴訟を運動したのは，図書館ユニオンという団体です。
竹の塚図書館の記事は，日向（咲嗣）さんというジャーナリストの方の講演集[4]の後半部分は，その闘争についてリアルにジャーナリストらしく書かれています。

事務局

先ほど言われました竹の塚図書館の資料は，日図協の資料室にありますから持ってきます。もし必要でしたらお貸しします。図書館協議会の論文と竹の塚

の裁判関係の資料です[5),6),7)]。

【質問11】指定管理図書館で働く人たち

　館長以外にも，一般の指定管理者のスタッフの人も日々住民の人たちと接し，行政サービスの先頭に立っている人たちですが，そういったことから照らしてみた場合，指定管理で働く図書館の人たちも，全体の奉仕者という視点で見た場合，先生はどのように整理されるかを教えていただければと思います。

鑓水
　私は法律屋ですので，とっても冷たい言い方をいたしますが，確かに公的な事業分野で活躍している民間の方もいらっしゃいますが，これは任命行為がない以上，公務員にはなり得ません。必ず公務員になるためには，それが非常勤であろうと臨時であろうと必ず任命行為があるべきものなのです。先ほど申し上げたとおり，一般職の公務員という位置づけが非常に不明確であるために，今回，昨年の5月に地方公務員法が改正されて会計年度任用職員という概念が新しく登場したということがありました。これは一般職の公務員であります。会計年度任用職員として任命されることで，手当とか処遇なども一般職と同じように受けられますが，ただし，給料まで公務員並みに保障されたわけではありません。一方，指定管理者の職員は，公的な仕事をするわけですけども，任用，任命行為がなければ法的にどのように解釈しても公務員にはなれないということなのです。したがって，指定管理者の職員は公務員として教育委員会が一人ひとり任用するのでなければ，依然として民間人であることには変わりはありません。たとえ公的な仕事に就いていたとしてもということです。

　多少，脱線することをお許しいただければ，ギリシアという国は公務員天国と言われますよね。国民全体の25％が公務員だそうです。それに比して日本の場合は4％ちょっと，ところが，ある統計によると実は6％くらいの方，正式な統計との差1％ほどの方が，公務員ではないけれど，公的な仕事に従事しているという統計があるのだそうです。原典に当たったわけではありませんので，聞いただけのことですので，そういうものとしてお聞きいただきたいので

すが，公的な仕事に就いているとしてもアルバイトの方々は，公務員ではありません。非常勤の方々，任期付きで雇用される言わばアルバイトの方々はそれに当たるのだろうと思います。正直申し上げて，私，公務員ですので，その立場を越えて言ってしまいますが，地方公務員組織は，アルバイトの方々の手がなければ回っていきません。公務員でない非正規の方々の，臨時職員であれば公務員になりますけれど，そうでないいわゆるアルバイトの方々の手を借りなければ公務自体が回っていかないというのが，厳然たる事実です。

　私が住んでおります市の中で，以前，ある市民課長経験者が，私にこう言いました。私の記憶が誤っているかもしれませんが，うちの課の中で4割ほどが公務員じゃないのだと，市民課の中ですよ，市民課は戸籍だとか住民票を扱いますよね。個人情報をたくさん扱うわけですよ，そこの職員の半数近くが公務員ではないって，これはとても恐ろしいことなのです。法律上，常勤の地方公務員以外，特別職の公務員には，地方公務員法は適用にならないのです。ということは守秘義務も適用にならないということです。もちろん契約上は秘密を守らなければ駄目と書くでしょうけれども，それは民法上の義務であって，罰則を伴う地方公務員法の義務ではないですね。そういった意味では地方公共団体の公務の運営自体に，そういう正規の公務員でない方々の力ってとても強く，たくさん貢献していただいているのですが，それはそれとして，形式的には任命権者の任命行為がなければ，公務員にはなり得ない。たとえ公務に従事していたとしても，というのが回答になります。

【質問12】指定管理者制度について日本図書館協会に望むこと

　指定管理者制度について，日図協の活動についてどういうことをやってほしいと思っておられるかを，ぜひお聞ききしたいと思っているので，よろしくお願いします。

鑓水

　ずいぶん厳しいご質問です。個人的な意見ということでお許しいただきたいと思います。私が先ほどから縷々申し上げている図書館法の，指定管理者を導

入したときの図書館法の矛盾について質問にして文科省にぶつけてほしいかなと思っています。法的にはこうなのだけど，こういうふうに解釈できるのだけれども，文科省としてはどういうふうに考えているのですかと。これまで日図協は再々にわたって，公立図書館は指定管理者になじまないという言い方をされてきました。それはそのとおりで，そのことについて私は文句をいう筋合いではないのですが，一番気になっていたのは，正しく法的視点からの疑問について，まとめてぶつけていないということなのです。本来であれば，地方公共団体が指定管理者を導入するときに同じようなことが議会で議論になって当たり前なのですよ。私は繰り返して申し上げますが，一介の地方公務員なわけなのですが，法規担当を長くやっていたから，こう言うのかしれませんけれど，私ですら疑問に持つのです。それが優秀な国家公務員が疑問を持たないはずがない。そうすると，何かしらの理屈があるだろうと思うのですね。その理屈を明らかにしていただきたい。これは，こういうことなのだよと，あなたの言うことは間違いなのだと，これはこういうふうに解釈するのだと言われて納得できれば，私はそれで疑問解消になるのです。ただ，そうは思っていませんけどね。何といっても公物警察権について申し上げたとおり，国ですら公物警察権は行政に留保されると言っているわけですから，それを指定管理者に任用される図書館長が本当に行使できるのですか，大東市の特区で図書館長の業務は全部できると言っているが本当なのですか，法的にみてそれは正しい理解なのですか，ということを一度ぶつけてみたいかなという個人的な思いはあります。まともに回答が返ってくるとは思いませんけど。

司会

　私どもにとっても重い課題で，なにか胸が痛むというか，批判されているようで，また，図書館政策企画委員会で受け止めて議論はしたいと思います。

　先生，今日は貴重なお話を長時間にわたって大変わかりやすく明快なご説明をいただき，大変参考になりました。ありがとうございました。

注

1) 図書館政策セミナー「『指定管理者制度モデル条例案』(日弁連法務研究財団作成)を学ぶ)」2018年2月22日(木),講演:「指定管理者制度基本条例案」について,講師:太田雅幸(日弁連法務研究財団におかれた条例研究会メンバー・太田雅幸法律事務所),意見交換
2) 「平成25(ワ)22110 労働関係存在確認等請求事件 平成27年3月12日」東京地方裁判所
   裁判所ウェブサイト http://www.courts.go.jp/
   裁判例情報 http://www.courts.go.jp/app/files/hanrei_jp/276/085276_hanrei.pdf
3) 平山陽菜『『日本の図書館協議会に関する総合的研究』筑波大学修士(図書館情報学)学位論文・平成25年3月25日授与(30946号),発行年:2013 学位授与年度:2012
   URL:http://hdl.handle.net/2241/121389
4) 『"ツタヤ図書館"を追って見えたこと－多賀城市立図書館を中心に』東京の図書館をもっとよくする会編,東京の図書館をもっとよくする会,2018(東京の図書館双書11)
5) 同上(『"ツタヤ図書館"を追って見えたこと－多賀城市立図書館を中心に』)に掲載,足立区立竹の塚図書館,p.28-50
6) 『平成21年度(第95回)全国図書館大会東京大会要項』日本図書館協会,2009,p.40-41 第2分科会「図書館職員の雇用問題」事例発表 宮本山起「指定管理の現場から－元図書館長」(足立区立花畑図書館の事例)
7) 『平成21年度(第96回)全国図書館大会東京大会記録』日本図書館協会,2010,p.35-40 第2分科会「図書館職員の雇用問題」事例発表 宮本山起「指定管理の現場から－元図書館長」

資料

≪セミナー当日配布されたレジュメ≫

日本図書館協会図書館政策セミナー「法的視点から見た図書館と指定管理者制度の諸問題」（2018年3月11日　会場：日本図書館協会）

1　公の施設と指定管理者制度

（1）指定管理者制度導入に係る地方自治法上の規定

○　指定管理者制度は，平成15年の地方自治法改正で従前の管理委託制度に代わって導入された制度である。

○　地方自治法上指定管理者を導入する要件は，「公の施設の設置目的を効果的に達成するため必要があると認めるとき」である。また，公の施設の設置目的は，住民福祉の増進」である。したがって，法律上は指定管理者制度は，「住民の福祉向上に資するため」に行われるべきこととなる。

地方自治法

（公の施設）

第244条　普通地方公共団体は，住民の福祉を増進する目的をもってその利用に供するための施設（これを公の施設という。）を設けるものとする。

2及び3　省略

第244条の2

1及び2　省略

3　普通地方公共団体は，公の施設の設置の目的を効果的に達成するため必要があると認めるときは，条例の定めるところにより，法人その他の団体であって当該地方公共団体が指定するもの（以下本条及び第244条の4において「指定管理者」という。）に，当該施設の管理を行わせることができる。

(2) 指定管理者制度導入の意図
〇　しかし，これは建前の一つで，指定管理者制度導入については，
① 　民間による公的部門への進出により効率的な経営を行うことで，「費用の削減を行う」こと
② 　公的部門への民間事業者の活動を開放し，事業活動の手を公的部門に及ぼすことという意図があったとされている。
〇　指定管理者制度は，民間において同種の事務事業が行われている場合や経済的利益が生ずるような施設を民間部門に開放し，利益追求の場として公的部門に手を出せるようにした制度として設計されている。
〇　図書館のような原則として無料施設に指定管理者を導入すれば，利益を確保するために，指定管理者は無理な事業展開をする可能性がある。逆に良心的な事業者は撤退せざるを得ないであろう。
〇　総務省は，平成22年に地方公共団体に対して指定管理者導入について注意を喚起する文書を発している。これは，総務省と地方自治体との間に指定管理者制度についての考え方に齟齬が生じてきていることを示すものと思料される。
〇　利用料金制を採る施設に指定管理者制度を導入することには合理性があると考えるが，無料施設への指定管理者制度導入には無理がある。その典型的な事例が図書館への指定管理者制度の導入である。加えて，少なくとも現状では，公立図書館への指定管理者制度の導入について，法的な整合性が十分とられていないと考える。指定管理者制度の導入は，そもそも図書館という施設には制度的に馴染まないのではないか。これが，鑓水の結論である。
〇　本日の研修会では，主として法的な視点から図書館と指定管理者制度の問題を考えてみたい。研修に際しての意見はすべて私見である。

2　図書館における指定管理者制度の導入の是非
(1) 管理委託制度の下での図書館
〇　指定管理者制度の前身である管理委託制度の下では，文部科学省は，図書館は当該制度に馴染まないという考え方であった。

資料

○　指定管理者制度は管理委託制度よりも民間事業色が強い制度であるから，管理委託に馴染まない制度が指定管理者制度に馴染むということは論理的にありえない。文科省は十分な説明なしに，見解を転換したものといえる。
○　鑓水は，図書館法と地方自治法との関係からも，図書館法等の図書館関係法からも図書館に指定管理者制度を当然のごとく導入するのは困難であると考える。理由は以下のとおりである。
　①　図書館法第2条は，図書館の設置者を地方公共団体，日本赤十字，公益社団法人及び公益財団法人としており，公共図書館は地方公共団体が設置し，経営することを前提としている。そして少なくとも，指定管理者制度が登場する前は，図書館の根幹的業務について，民間委託するということは一般的ではなかった。
　②　一般法である地方自治法が指定管理者を採用したからと言って，特別法である図書館法がこれを導入しなければならないいわれはない。一般法は特別法に規定のない分野について補完的に規定すべきで，図書館法は地方自治法に優先して適用されるべきであり，図書館は，その制度の中で独自に指定管理者の導入の当否を考えるべきである。
　③　図書館法には設置と経営を分離することができることを窺わせる規定は存在しない。かえって，図書館法の設置は図書館法第10条により条例で，管理運営の基本的事項は地方教育行政法（地方教育行政の組織及び運営に関する法律）第33条の規定により教育委員会規則を制定してこれにより行うこととされており，教育委員会が教育機関でもある図書館を社会教育施設として直接管理運営することが予定されていると思料される。
　④　図書館法第13条の規定により，図書館には館長並びに当該公共図書館を設置した地方公共団体の教育委員会が必要と認める専門的職員を置くこととなっているが，当該職員等は地方教育行政法第34条の規定により教育委員会が任命することとなっている。教育委員会が任命する以上当該職員等は公務員（常勤か非常勤かはあるが）となるのであって，公務員の立場で図書館に勤務することとなり，民間人として図書館に勤務することはありえない。少なくとも，同法からその趣旨は，窺えない。

⑤　図書館には，館長以下の職員を置くのが図書館法の趣旨であり，公務員である図書館長を置かずに，指定管理者による図書館長が置かれることを想定した規定は存在しない。公務員でない図書館長が図書館法上どのような立場に立つのか，どのような権限を行使できるのかを規定した条文は存在しない。

⑥　図書館協議会は教育委員会が任命する非常勤特別職の委員からなり，図書館長の諮問機関である。仮に指定管理者が図書館長を任用するならば，公務員からなる諮問機関が民間人の館長の諮問を受けて答申することとなり，奇妙な法構造となる。

⑦　文部科学省の告示である「図書館の設置及び運営上の望ましい基準」に「当該図書館の管理を他の者に行わせる場合には」という記載があり，確かに文科省とすれば，その意味で指定管理者制度の導入を前提とした告示をつくっていることは間違いない。仮に，都道府県立図書館に指定管理者が導入された場合，指定管理者が，直営の市町村立図書館に対し，同告示に基づき指導助言及び各種の支援を行うことになるのだろうか。

⑧　指定管理者をみなし公務員として，図書館関連法規を適用すべきとの見解がありうる。しかし，民間人を見做し公務員として法的に取り扱うためには当該業務が公共性・公益性の強いものであるほかに，形式的に法律上の根拠が必要であり，解釈によることは通常想定されていない。

3　図書館法の改正が必要

（1）図書館については，地方自治法よりも先ず図書館法が適用される関係である。

○　一般法である地方自治法が改正されて指定管理者制度が導入された以上，図書館法等もこれに合わせて変更解釈されるべきとの見解は，採用できない。地方自治法は図書館法に対して一般法である以上，図書館法が図書館については優先されるのであって，適用関係で劣後する法の改正が優先適用される特別法の解釈変更をもたらすのは，論理的ではない。

(2) 図書館に指定管理者制度を導入するのであれば，以下のとおり図書館法を改正すべきであった。

現　　行	改　正　案
（設置） 第 10 条　公立図書館の設置に関する事項は，当該図書館を設置する地方公共団体の条例で定めなければならない。	（設置等） 第 10 条　公立図書館の設置に関する事項は，当該図書館を設置する地方公共団体の条例で定めなければならない。 2　地方公共団体は，公立図書館の管理について地方自治法（昭和 22 年法律第 67 号）第 244 条の 2 第 3 項に規定する指定管理者（以下「指定管理者」という。）に行わせるときは，条例で必要な事項を定めるものとする。
（職員） 第 13 条　公立図書館に館長並びに当該図書館を設置する地方公共団体の教育委員会が必要と認める専門的職員，事務職員及び技術職員を置く。 2　館長は，館務を掌理し，所属職員を監督して，図書館奉仕の機能の達成に努めなければならない。	（職員） 第 13 条　公立図書館に館長並びに当該図書館を設置する地方公共団体の教育委員会が必要と認める専門的職員，事務職員及び技術職員を置く。 2　公立図書館について指定管理者に管理を行わせることとした場合には，地方教育の組織及び運営に関する法律（昭和 31 年法律第 162 号）第 34 条の規定にかかわらず，前項に規定する館長その他の職員は，指定管理者が選任する。 3　館長は，館務を掌理し，所属職員を監督して，図書館奉仕の機能の達成に努めなければならない。

（図書館協議会） 第14条　公立図書館に図書館協議会を置くことができる。 2　図書館協議会は，図書館の運営に関し館長の諮問に応ずるとともに，図書館の行う図書館奉仕につき，館長に対して意見を述べる機関とする。	（図書館協議会） 第14条　公立図書館に図書館協議会を置くことができる。 2　公立図書館について指定管理者に管理を行わせることとした場合には，前項の図書館協議会は，必要に応じて指定管理者が設置する。 3　図書館協議会は，図書館の運営に関し館長の諮問に応ずるとともに，図書館の行う図書館奉仕につき，館長に対して意見を述べる機関とする。
第15条　図書館協議会の委員は，当該図書館を設置する地方公共団体の教育委員会が任命する。	第15条　図書館協議会の委員は，当該図書館を設置する地方公共団体の教育委員会が任命する。 2　前条第2項の規定により指定管理者が図書館協議会を設置した場合には，前項の規定にかかわらず，同項の委員は，指定管理者が選任する。

(3) 文科省の解釈変更

○　文科省は，従前の管理委託制度で示していた見解とは異なり，指定管理者制度に否定的ではないと考えられる。しかし，同省の図書館法及び地方教育行政法の解釈は，論理的に理解することが困難である。

○　同省は，大東市の図書館運営特区申請に関して「教育委員会は公務員たる職員に対しては任命を行いますが，教育委員会が図書館の館長を指定管理者に行わせる場合で，任命権の対象となる公務員がいないときには，地教行法が適用されません。すなわち，この場合，図書館に館長を置く必要がありますが，公務員でない館長については教育委員会が任命する必要がないものです。したがって，指定管理者に館長業務を含めた図書館の運営を全面的に行

わせることができるものと考えています」としているが，これには論理の飛躍がある。
○　図書館法は，その第13条第1項で「図書館に図書館長を置く」と規定し，地方教育行政法は第34条で「教育機関の職員は教育委員会が任命する」としている。図書館法の解釈として（指定管理者が館長業務を行うから）図書館長を置かなくてもよいとは言えないのであり，図書館長を教育委員会が任命する以上公務員でないことはありえない。
○　文科省は，図書館に館長を置くときは教育委員会が任命するが，置かないときは教育委員会が任命しないので指定管理者が館長業務を行うことができるとしているが，館長を置くかどうかは教育委員会の裁量ではなく，図書館法の要請として置かねばならないと解すべきである。
○　文科省は，公務員の図書館長を置かなければならないと明言しているにもかかわらず，公務員の図書館長を置かないならば，指定管理者が図書館長の業務を行うができる（＝指定管理者が図書館長を置くことに他ならない。）旨説明する。しかし，公共図書館に図書館長を置かなければならないとしながら，指定管理者が事実上図書館長を置く場合を想定し，地方教育行政法の適用はないとするこの解釈は，図書館長を置くという図書館法に違背した状況を前提としてものであり，誠に面妖な解釈である。
○　図書館法上の図書館長がいない場合には地方教育行政法の適用がない旨文科省は説明するが，それは教育委員会が図書館長を任命できないといっているだけで，そのことと指定管理者が図書館法上の図書館長の業務を行うことができることとの間に論理的必然性はない。そもそも指定管理者が選定した者が図書館法上の図書館長権限を行使できるとの法的根拠はない。

(4) 図書館長と指定管理者職員との法的関係はどうなるか
○　公立図書館について指定管理者制度を導入し，一方教育委員会が図書館法どおりに公務員の図書館長を任命したときに，公務員である図書館長から指定管理者の職員は指揮命令を受けることとなるのか。労働者派遣法の場合には，派遣労働者は派遣先から指揮命令を受けて業務従事することとなるが，

それは労働者派遣法がそうした就業形態を法律上認めているからであり，指定管理者制度にはそうした法的根拠はない。民間企業の社員が法的根拠なくして公務員から指揮命令を受けるいわれはない。
○　そうすると，図書館という施設に二つの指揮命令系統が併存することになりかねない。こうした状況を法が認容するとは考えにくい。
○　図書館法は，指定管理者制度の導入を想定しているとは言えないし，無理矢理導入することは，木に竹を接ぐような法状況を生じさせることとなる。
○　結論的には
　①　公立図書館に指定管理者制度の導入は想定されていない。
　②　図書館関係法規を解釈により変更することには無理がある。
というべきである。したがって，公立図書館に指定管理者制度はなじまないというのが鑓水の結論である。

4　指定管理者制度の導入再考
(1)　地方自治法上の指定管理者導入の要件を再検討すべき
○　地方自治法上の指定管理者導入の要件は，「公の施設の設置目的を効果的に達成するため」であり公の施設の設置目的とは，当以外施設を設置しこれを直接住民の利用に供することにより「住民福祉の向上に資するため」である。
○　図書館に指定管理者制度を導入するためには，これによって図書館の機能が増進し，住民に対する図書館サービスが充実することが唯一の目的でなければならない。そして，このことは単に開館時間が延長されるだけではなく，多様性のある選書や効果的なレファレンスなど図書館に期待されるすべてのサービスが向上することが必要であろう（図書館サービスは，図書館法第3条に規定されている）。
○　したがって，なかんずく，地域の賑わい等の地域振興のために特定の事業者を招聘する必要があるといった動機は，図書館の本来的機能とは別のものであり，他事考慮というべきである。

(2) 公物警察権からの再考
○ 近時，図書館には「図書館クレーマー」ともいうべき「困った図書館利用者」が増えているという。また，図書館に対して理不尽な要求を行う利用者もあると聞く。
○ 図書館における利用者の権利を確保し，円滑な図書館運営を行うために図書館長がこれらの困った利用者に対して，図書館内の平穏を維持するために，図書館利用規則に基づき退館を命じ，利用を禁止することがありうる。
○ こうした図書館長の権限は，公物警察権に分類されるものである。指定管理者は，地方自治体との協定により，施設の管理運営に関する権限と施設の使用許可権限を有するものではあるが，公物警察権は行政の側に留保されるものと解されている。
○ 公物警察権は，当然ながら行政権限の発動であり，公務員以外がその主体となることは想定されていない。そうすると，指定管理者の選任した者が図書館長の業務を行う場合には，公物警察権の発動たる館内の秩序維持のための権限を行使しえないこととなる。しかしながら，いずれの図書館利用規則も館長の当該権限を明記しているのであって，このことからも指定管理者に，公務員として位置付けられた図書館長の行使しうる図書館の管理をゆだねることは，想定外の事態である。
○ 仮に上述のとおり図書館法を改正して，指定管理者の選任する職員が公立図書館の館長業務を行うことができるとしたときでも，公物警察権の行使の問題が残るが，この問題については指定管理者制度基本法（仮称）を制定して，指定管理者も地方自治体との協議により公物警察権を行使できる法的地位を得るといった立法措置が必要と考える。いずれにせよ，法的根拠は不可欠であろう。

5　図書館への指定管理者制度導入の現状
(1) 図書館に対する指定管理者制度の導入状況
○ 公共図書館への指定管理者制度の導入は，平成28年4月現在で，全国3315館中541館で行われており，その率は15.6％である。しかし，今後の

導入方針を聞くと，今度も導入しないと回答している自治体が，未導入自治体の約7割に及んでいるとの調査結果がある。
○ その理由としては，図書館の継続性や安定性，専門職員の確保・育成，他機関との連携の困難性，そもそも直営で経営する施設である等が認められる。指定管理者制度は必ずしも順調に導入が進んでいる訳ではない。

(2) 図書館に対する指定管理者制度導入の見直しの傾向
○ 佐賀県鳥栖市では指定管理者制度の導入条例が否決された。理由は，市民が無料で利用する施設を民間の発想でき営得することはなじまないというものである。
○ 佐賀県佐賀市ではこれまでNPOに委託してきた市立図書館の一部を直営に戻す方針が示された。理由は，「図書館は，他の施設と異なり，司書の専門性の蓄積や図書収集などの教育，文化の発展という機能を発揮するためには直営の必要がある」というものである。
○ 愛知県小牧市では佐賀県武雄市立図書館の指定管理者ともう一社が企業連合を指定管理者として想定していた事案について，住民投票により指定管理者導入の撤回がなされている。
○ これらのうち，佐賀県鳥栖市と佐賀市の例は，図書館の本来的　機能は指定管理者制度に馴染まないということを鮮明にした点で注目される。

6 自治体と住民の政策選択
(1) 指定管理者制度導入はあくまでも住民福祉の観点から (＝地方自治法の要請)
○ すでに繰り返し述べたように，地方自治法上指定管理者制度の導入のための要件は，公の施設の機能を増進することであり，当該公の施設の本来的機能に照らして指定管理者制度の導入の当否が議論されるべきである。「公の施設の運営経費を削減するため」という動機は，首長の発想としては理解できないわけではないが，図書館が社会教育施設である観点及び住民の生涯学習の充実などの基本的人権の保障に資する文化施設であるとの観点からいっ

て，経済合理性や財政的理由だけで公の施設の在り方を考えることが適当かどうかの再検討が必要であろう。
○ 自治体の政策決定は，自治体が自主的に行うべきであり，公の施設への指定管理者制度導入も同様である。しかし，制度の趣旨を無視しての導入は，市民からの反対を招き，説明不足との非難を免れない。
○ 公の施設には，公立図書館のように地域の知的財産を承継し，将来の文化財として継承するために直営により当該地方公共団体が責任を持って経営を続けるべき施設もあるのであって，指定管理者制度を導入することにふさわしくない施設もあることを再検討すべきである。
○ 指定管理者として名乗りを上げる企業は，公の施設のこうした使命に無頓着でもっぱら自己の経営戦略に関心があるものもなくはない。地方自治体は公の施設の本来的な機能や役割を踏まえて，何が現在及び将来に住民の福祉向上に資するかを真剣に考えるべきである。また，政策選択は地方自治体のみならず住民の責任でもある。

7 指定管理者制度導入の実質的諸問題

○ 法的検討は以上であるが，最後に，公立図書館に指定管理者制度を導入した場合に考えられる実質的デメリットを挙げる。
① 図書館にいったん指定管理者制度を導入した場合には，早期に当該政策を撤回するのでなければ，時間の経過とともに，元に復することは困難となる。図書館経営のノウハウを持った職員が異動や退職等で散逸する。そうなると，指定管理者制度を導入した結果，何か問題が生じても直営方式に戻すことは事実上不可能となる。
② 図書館には無償原則があり，指定管理者は図書館業務そのものでは十分利益が上げられないおそれがある（加えて行政は，同制度の導入によって公の施設の運営経費の削減を狙っているのだから，十分な「委託費」を出さないおそれが大きい。）ので，指定管理者は付随的な収益事業を行うことが不可避であろう一方で，当該事業は図書館にふさわしい事業かどうかが問題となる。副業に熱心な指定管理者を生み出しかねない。

③ 「委託費」が十分でない場合には，人件費で利益を上げるほかはないので，指定管理者の図書館で勤務する職員の処遇は，一般に低劣にならざるを得ず，官製プアの温床ともなりかねない。また，指定管理者制度採用に伴う経費削減により，不適切な選書等が横行し，図書館の本来的機能に悪影響を及ぼすおそれなしとしない。

④ 指定管理者は，3年〜5年で再考されるので，その指定管理者に雇用されている職員は常勤として雇用されず，有期限の職員とならざるを得ず，雇用形態は極めて不安定なものとなる。

⑤ 図書館職員は，単に無料貸出本事業を担当するものではなく，常に市民の要請に基づいて適切な読書指導やレファレンスに心がけなければならないので，不断の研鑽が求められるが，有期限の指定管理者職員で研修が計画的・費用的に十分行えるのか，懸念が残る。

⑥ 自治体によっては費用削減を優先するあまり，低廉な指定管理者を指定してしまうことがないとは言えず，この場合においては図書館経営に十分な知見を有していないものが選定される可能性も否定しきれない。また逆に，大手の事業者のみが半ば独占的に指定管理者を務めることとなれば，広く民に公的部門の事業を公開するといった当初の指定管理者制度の趣旨が没却され，少数のための制度と化してしまうおそれがある。

○ 指定管理者を公立図書館に導入しようとする施策を選択するのであれば，地方公共団体とこれに応募する指定管理者となろうとする事業者は，上記の疑問に答えるべき責務があると考える。

8 結びに替えて

○ 以上のとおり，私は，図書館への指定管理者制度の導入については，図書館固有の問題もあり，指定管理者制度一般の問題もあると考えている。指定管理者制度は，小泉政権下の規制改革の中で具体化したものであるが，改革を急ぐあまり十分な法的整合性を検討してこなかったのではなかろうかという印象を持っている。

とりわけ公物警察権については図書館だけの問題ではなく，公の施設一般

にいえる議論である。すなわち、法的根拠なくして公務員以外の者が公権力の行使に当たることができるか、という問題であるからである。前例としては、建築確認における建築主事の権限を民間にゆだねるという実例があるが、これは建築基準法に明確に規定されている制度である。図書館についても指定管理者制度を導入して民間事業者に管理運営をゆだねるというならば、その法的根拠を明確にすべきである。法律を新たに制定・改正して指定管理者職員に公務員と同等の権限を賦与すればよいのであるから。

すなわち、図書館に指定管理者制度を導入する場合の種々の問題点については、「指定管理者基本法」といった一般法を制定し、指定管理者職員に公務員としての地位と権限を付与するとともに、個別の対応としては、公の施設の根拠法令、例えば図書館法を改正し、併せて地方教育行政の組織及び運営に関する法律、地方公務員法等の関連法を改正し、例えば、指定管理者を任期付きの公務員として図書館長及び図書館員に任命し、任用できるような法的措置を講ずればよいのではないかと愚考する。

○ しかし、実をいえば、図書館に指定管理者制度を導入することの法的問題は、本質的には、上記のような法技術的な問題ではないように思える。すなわち、図書館という施設の本来的な機能にかんがみ、指定管理者制度を導入することが図書館法の規定内容として適切なものかどうか、図書館という一面で地域文化を育て継承していくべき施設に市場原理を導入することが図書館法の定める全趣旨から見て適切なのかどうかという問題を避けて通るわけにはいかない。いうまでもなく図書館法第3条に規定する図書館奉仕は、単に図書館資料の貸出のみを事業として規定している訳ではない。理念的には、住民の各種の憲法上の権利（知る権利・学習権・参政権・幸福追求権等）に奉仕することに加えて、郷土資料の収集保存などを通じた地域文化の継承や読書教育を通じた次世代の読者の育成なども業務としているのであって、当該施設が営利企業による商売の対象として管理運営されるにふさわしい施設とは到底思えないのである。

○ 換言すれば、図書館をめぐる最大の法的問題とは、図書館法に規定する内容が指定管理者制度の導入を許すものなのかどうかという点である。図書館

法は，これまで数多く改正されているが，その根幹に属する部分については改正されていない。図書館法制定当時は，公立図書館の「民間委託」といった視点は全くなかったのであり，立法者意思として管理委託制度も指定管理者制度も考慮の外であったというべきである。したがって，その後の社会状況の変化に伴い図書館をめぐる法的環境も変遷したというのであれば，図書館法もその法的環境に変化に従い所要の改正が行われるべきである。

○ 法改正に当たっては，改正が必要とされる「立法事実」が求められるので，図書館とは何か，図書館のあるべき姿とは何か，図書館は何のために存在するのか，といった「そもそも論」から検討されるべきと考える。公の役割は広範に及ぶが，その一つとして，営利事業に馴染まない事業を公がその責任において実施するという観点もあるはずであり，図書館の管理運営こそがその好例というべきではなかろうか。

≪参考資料≫

第104回国会　衆議院予算委員会第三分科会　会議録　第1号（抜粋）

昭和61年3月6日（木曜日）
　質問：佐藤祐弘
　答弁：海部俊樹文部大臣

○佐藤（祐）分科員　ぜひよろしくお願いいたします。
　次に、図書館問題でお聞きをします。
　ことしは8月に、60年の歴史を持ちますIFLA、国際図書館連盟の大会が初めて日本で、東京大会として開かれるわけです。図書館の拡充発展を図ろうという大変記念すべき年だと私は思います。もちろんこのIFLAの大会は、文部省も後援をしておるということであります。
　ところが、まさにといいますか、そのときにやはり足立区の区立の図書館の業務を公社委託しよう、そういうことが起きております。この動きにつきましても、区民だけではなくて関係各方面から、教育基本法や社会教育法あるいは図書館法などの立法精神に反するものではないか、図書館の専門性を無視し、サービス低下を招くものだということでやはり反対が上がっておるわけであります。
　そこで、まずお聞きしたいのは、図書館の業務委託について文部省はどのような見解をとっておられるのか。
○齊藤［尚夫］政府委員［文部省社会教育局長］　図書館の業務の一部を民間に委託するかどうかという問題につきましては、これは設置者が御判断される問題だというふうに考えておるわけでございますが、今先生もちょっと御指摘ございましたように、公立の図書館につきましては、図書館法の定め等々から考えまして、基幹的な業務につきましては民間への委託にはなじまない、施設設備の保守あるいは清掃、警備、そういった部分につきましては民間委託を推進しているというのが現状でございます。
○佐藤（祐）分科員　そうしますと、図書の貸し出しだとかレファレンスといっ

たものは基幹的な業務に当たる，そういうことでよろしいですか。

○齊藤（尚）政府委員　公立図書館につきましては，図書館の公共性というのが一つあるかと思います。それから同時に，図書館でございますと社会教育の基幹的な施設でもあるわけでございますから，ありていに申し上げれば館長及び司書の業務につきましては，原則として委託になじまないものというのが文部省の考え方でございます。（中略）

○佐藤（祐）分科員　（中略）時間がもう参ったようでありますので，最後に大臣にお伺いをしたいと思います。

　海部大臣は，議運で図書館小委員長をやっておられましたね。非常に図書館問題では熱心で関心がお強いというふうにお聞きをしました。先日，国会図書館へ行きまして高橋（徳太郎）副館長にお会いしました。この方は，日本図書館協会の理事長もやっておられるという方ですね。この高橋先生も大変大臣のことを高く買っておられて，ぜひよくしてもらえるだろうという話だったわけです。

　今，お聞きなさったような経過で来ておるわけですが，冒頭にも申しましたように，ことしは特に東京で国際的なそういう大会も開かれるということですね。発足して60年ぶりに初めて日本で開かれる。非常に期待も高いわけです。我が国の図書館は，関係者の皆さん方の努力で非常に前進してきたと思います。これをもっと前進させたいということになるわけでありますね。やはり図書館の充実というのは，その国の文化水準の端的なバロメーターだろうというふうに私は思います。そういう点では，もういろいろ指標は挙げる余裕はありませんけれども，いわゆる先進諸国と比べておくれている面が残念ながら幾つかあります。そういうことも含めまして，やはり公立図書館を今後さらに発展させていく，そのためには基幹的な業務まで外部に委託するというようなことはやめて，そうして専門職員を配置し十分なサービスの向上，内容充実，そういうことが図られるべきだというふうに思います。そういう点で，大臣の所見，御抱負をお伺いしたいと思います。

○海部国務大臣　いろいろ御議論のありましたように，図書館というのは，読書を通じて生涯学習の機会を提供する大変重要な機関だと思っております。で

すから、図書館法という法律もきちっと置いて、いろいろ我々も心を砕いて運営をしているわけであります。ですから、清掃とか警備とか保守とかいうようなことの民間委託の問題は別といたしまして、やはり図書館法の規定から見ても公立図書館の基幹的な業務については、これは民間の委託にはなじまないものでしょうし、生涯学習をするという非常に大きな目標があります。

　浦安の例もお引きになりましたが、あそこはうらやましい場所だと思って、僕はたまたま知っております。ディズニーランドという大きなのができて、その収入がどんどんあるというプラスがあるんだと正直に市長さん言っておられましたけれども、どんどん伸びていって、いい状況になっております。私は、ああいったうらやましいところもあるけれども、しかし、全体にみんなが充実し合って地域の生涯教育に役立つようになっていったらいい、こう思っておりますから、基幹的業務だけはきちっと貫いてやっていくように指導してまいりたいと思います。

第169回国会　参議院文教科学委員会会議録　第8号（抜粋）

　平成20年6月3日（火曜日）
　　質問：植松恵美子（民主党）
　　答弁：渡海紀三朗文部科学大臣

〇植松恵美子君　最後になりますけれども、図書館というのは、先ほどから申しておりますように、知識だけでなくて、知識も必要ですけれども経験の蓄積も必要になってくると思いますが、2003年の地方自治法改正によって指定管理者制度が導入された図書館があります。先ほどから申しておりますように、この目的としては、住民サービスの向上を図るとかあるいは経費削減を図るということでありますけれども、図書館にとってのサービスというのは、単に利用者数が増えたからサービスが良くなっているんだとか、あるいは開館時間数が延長した、開館日数を増やしたといった量的なものだけでは測れない性質のものがあると思うんです。やはり職員の質の向上が大切ですけれども、先ほど申しました経費削減が人件費の削減につながっているようなところもあります。

現在は，指定管理者制度は数年ごとの契約更新ですので，契約する会社が安定した長期雇用が保障されないため短期的に職員の入れ替わりによる弊害が生じているようですけれども，文科省としてはこの実態をきちっと把握されておりますでしょうか。そして，把握されているとすれば，どういった御認識を持っていらっしゃるか。また，今後どうあるべきであると考えているか，お答えください。できるなら，大臣からお願いいたします。

○国務大臣（渡海紀三朗君）　指定管理者制度の導入の経緯というのは委員よく多分御存じなんだろうと思います。その上に立って，今，17年度，少し古くなりますが，この社会教育調査によりますと，公立図書館への指定管理者制度の導入率というのはまだ1.8％なんですね。その最大の理由は，やっぱり今御指摘がございました，大体指定期間が短期であるために，5年ぐらいと聞いておりますが，長期的視野に立った運営というものが図書館ということになじまないというか難しいということ，また職員の研修機会の確保や後継者の育成等の機会が難しくなる，こういう問題が指摘されておるわけでございます。やっぱりなじまないということで1.8％なのかなというふうに私は受け止めております。

　そういった点からすれば，今懸念されているような問題，こういうものがやっぱりちゃんと払拭をされて指定管理者制度が導入されるなら導入されるべきであろうと。指定管理者制度を導入するかしないかというのは，これもさっきの意味とは違った意味で，一義的にはやっぱり地方自治体が判断をすることでありますから，しろとかするなとかこれは国が言うことは本来の指定管理者制度の趣旨にそぐわないわけでありますから，やっていただくということであろうとは思いますけれども，先ほど言ったような図書館に指定管理者制度を導入されるということであれば，先ほど言いましたような点について，しっかりとそういった懸念が起こらないようにしていただいた上で導入をしていただくということが大事なのではないかなというふうに考えております。

資料

下関市議会　平成 26 年 9 月 8 日文教厚生委員会　09 月 08 日 -01 号
（抜粋）

◎生涯学習課長（古西修一君）　5 は，27 年度以降の管理運営についてです。まず中央図書館について御説明いたします。中央図書館はプラザ本体施設と一体的に管理をすることで効率的な運営が図られることが期待され，指定管理者制度が導入されました。導入以来，開館時間の延長，開館日数の増加が図られるとともに，利用者数や貸し出し冊数が増加した点は中心市街地に立地する好条件とも相まって図書館サービスの向上が図られたメリットとして評価されます。しかしながら，公立図書館は市民の生涯学習と文化の発展に寄与するために設置される公の施設であり，地域文化を支える知の宝庫として市民とともに育つ社会教育施設であることから，直営で運営されている美術館，博物館と同様に設置者である地方自治体の主体的な運営への取り組みが望まれます。これまでの指定管理者制度導入の実績を踏まえ，ガイドラインに基づく導入適否判断基準や図書館運営協議会の意見を参考に総合的に検討した結果，27 年度以降の中央図書館の運営は現行の開館日，開館時間については原則継続した上で，直営に戻すこととしました。参考までに片山元総務大臣の指定管理者制度の運用に対する発言を記載しております。

図書館政策セミナー「指定管理者制度モデル条例案」を学ぶ

　講演　「指定管理者制度基本条例案」について
　講演者　太田　雅幸　弁護士（東京弁護士会所属）

○○県（市）指定管理者制度基本条例案（抜粋）
（目的）
第 1 条　この条例は，地方自治法（昭和 22 年法律第 67 号）に定めるもののほか，指定管理者による本県（市）の公の施設の管理に関し必要な基本的事項を定め，公の施設に係る役務の品質の確保及び利便性の向上を図り，もって，

公共の福祉の増進に資することを目的とする。
（定義）
第 2 条　この条例において「公の施設」とは，地方自治法第 244 条第 1 項に規定する公の施設をいう。
2　この条例において「指定管理者」とは，地方自治法第 244 条の 2 第 3 項に規定する指定管理者をいう。
3　この条例において「実施機関」とは, 知事（市長）又は教育委員会をいう。
（公の施設の管理に関する指定管理者制度の採用の是非の検討）
第 3 条　実施機関は，公の施設の設置をし，又は公の施設の運営について変更しようとするときは，当該公の施設の設置目的を効果的に達成するために，直営（本県（本市）が自ら公の施設を管理することをいう。以下同じ。）と指定管理者による管理のいずれが適当か検討し，必要な措置を講ずるものとする。
2　前項の検討においては，公共サービスの水準の確保の観点から行わなければならず，経費の節減を目的として指定管理者制度を導入してはならない。
（指定管理者による管理の導入要件）
第 4 条　指定管理者に本県（本市）の公の施設の管理を行わせるには，次の基準に適合することを要するものとする。
　(1) 指定管理者による公の施設の管理によって，次のいずれかの効果が得られる等，公の施設の設置の目的が効果的に達成されることが見込まれること。
　　(ア) 法人その他の団体が有する専門的な知識経験を活用した当該公の施設に係る事業の適切な実施が図られること。
　　(イ) 当該公の施設の営業日又は営業時間の延長その他の住民の利用に係る利便性の向上が図られること。
　　(ウ) 住民による当該公の施設の設置目的に沿った利用の充実が見込まれること。
　(2) 公の施設の管理者に関する法令の規定に違反しないこと。
　(3) 次の施設に該当しないこと。

(ア) 図書館その他公の施設に係る事業が長期の継続的な方針の下に行われる必要がある施設
(イ) 病院，保育所その他公の施設の利用者に対する役務提供についての信頼関係を継続する見地から期間を限定することが適当でない施設
(ウ) 当該公の施設の設置目的及び利用形態にかんがみ，直営で管理することが適切な施設又は期間を設定することが適切でない施設

(中略)

(指定管理者の指定等)
第7条　実施機関は，前条の規定による申請があったときは，次に掲げる選定基準に照らし，施設の管理を行うに当たり，指定管理者審査委員会の意見を聴いて，最も適していると思われる候補者を選定し，議会の議決を経て指定管理者として指定するものとする。
(1) 当該公の施設の管理を行うに当たり，住民が公の施設を利用することについて不当な差別的取扱いをしないこと。
(2) 当該公の施設に係る管理達成基準（実施機関が指定管理者審査委員会の意見を聴いて公の施設の類型ごとに定める基準であって，公の施設の設置の目的に照らし，高い品質の役務を提供するために必要なものをいう。以下同じ。）を達成する能力を有すること。
(3) 事業計画書の内容が管理達成基準に適合すること。
(4) 事業計画書の内容に沿った管理を安定して行う能力を有するものであること。
(5) 利用者の安全の確保その他の危機管理に関する体制が整備されていること。
(6) 施設の種別に応じた必要な体制に関する事項について，当該体制に関する適切な積算がされていること。
(7) リスク分担に関する事項，損害賠償責任保険の加入に関する事項等が具体的に確約されていること。
(8) 指定管理の業務に従事する労働者の労働条件の向上に配慮していること。

2　実施機関は，指定管理者の指定を行ったときは，その旨を告示しなければならない。（以下略）

（出典：図書館政策セミナー当日の配布資料より抜粋）
［なお，この条例案は法務研究財団の研究で，弁護士有志による研究結果である。］

平成22年佐賀市議会第9月定例会議事録　平成22年9月13日（抜粋）

《佐賀市立図書館の指定管理者条例の一部改正について》
◆重松徹議員　そこで，総括質問として，佐賀市立図書館東与賀館のこれまでの経緯と，佐賀市の方針として「図書館には指定管理者制度はなじまない」との見解から直営への変更理由をお尋ねいたします。（中略）
○大坪清史　社会教育部長　（前略）今回，指定管理期間が終了することに伴い，改めて図書館における管理運営体制についての検討を行いました。その検討の結果，図書館とは，司書の専門性の蓄積，所蔵資料のコレクション形成が極めて重要であり，これは一貫した方針のもとで継続して実施することにより実現できるものであること，また，図書館は設立母体の異なる他の図書館や関係機関との密接な連携，協力を不可欠としていること，さらに，図書館は事業収益が見込みにくい公共サービスであり，行政が住民の生涯学習を保障するために，その経費を負担すべき事業であること，こういった点を踏まえますと，図書館は教育委員会，市が直営にて運営することが極めて合理的であると考えております。

　なお，このことにつきましては，社団法人日本図書館協会でも同様に述べられておりますし，また国会，これは2008年6月3日の参議院文教科学委員会におきましても，図書館サービスは，単に利用者がふえるとか，開館時間数の延長，開館日数がふえるといった量的なものでははかれない性質のものがあると，また，経費節減により安定した長期雇用が保障されず，短期的な職員の入れかわりによる弊害が生じているなど，いわゆる職員の質の向上が大切であること，公立図書館への指定管理者制度の導入は，長期的視野に立った運営とい

うものが難しくなり，また職員の研修機会の確保や後継者の育成等の機会が難しくなるといったやりとりが行われております。

したがいまして，佐賀市といたしましては，以上のような理由から佐賀市立図書館東与賀館の管理運営体制について，現行の指定管理者制度から直営体制に変更したいと考えているところでございます。

以上でございます。（中略）

◆**重松徹議員** （前略）1986年3月にですね，昭和61年，今から24年前に海部俊樹元総理大臣がまだ文部大臣のころにですね，国会で，「図書館法の規定から見ても公立図書館の基幹的な業務については，これは民間の委託にはなじまないのでしょう」と国会で答弁を行っておられます。これが元祖なんですね，源流なんです。

だから，先ほど言いましたように，文科省はもともと文部省時代から全面的な委託については否定的な見解を持っていたんです。これをずっと引き継いできたわけですね。ところが1990年，平成2年から第三セクターが全国的に導入されるようになりまして，官から民への流れになってきたわけです。そしてとどめは2001年，平成13年4月に誕生した，あの自民党をぶっ壊す発言の小泉政権によってそれが加速されていったのであります。民間にできることはできるだけ民間にゆだねる，このことを原則に民営化を進めてきたわけでございます。しかし，それもですね，文科省は消極的だったんですね，それでついに平成15年11月に文科省は経済財政諮問会議に呼び出されて，何やっているんだと，文科省は小泉政権下のもと，国の方針どおりやっていないと指摘されて，それについては御無理ごもっともですと言ったかどうかわかりませんけれども，文科省は今後は官庁業務を含めた全面的な民間委託は可能でありますと，方針転換をその会議場の席上で表明しております。だから，この時点からなじまない発言は，この時代ですね，タブーになったわけですね。しかし，小泉政権が終わりまして，安倍，福田，麻生内閣，ころころ総理がかわりますので，混沌とする政局の中で文科省は渡海大臣を使って，政治状況の変化を利用して反撃を試みたと言われております。だから，このなじまない発言はそんじょそこらのものではないんです。政府と文科省の長い確執の歴史があるわけなんで

す。こういった状況になっております。(中略)

　図書館は公の施設であると同時に教育機関，また社会教育機関である。教育は行政の責任において行うべきものであるために，行政による一括管理が必要との考えを示してあります。しかし，国の社会教育法では，公民館，図書館及び博物館は社会教育施設と位置づけてされてある中で，図書館は直営，ほかの社会教育施設は指定管理という市教育委員会の考えは，社会教育法から見ても少し矛盾しているんではないかなと思いますけれども，教育長の意見をですね，見解をお願いしたいと思いますけれども。

○東島正明　教育長　公立の図書館についてでございますが，なじむ，なじまないという観点よりも，公立の図書館というのを考えてみたときに，まずは図書館法の第2条にその定義がございます。それは図書，記録その他必要な資料を収集し，整理し，保存して，一般公衆の利用に供し，その教養，調査研究，レクリエーション等に資することを目的とする施設とされております。ある県内の企業経営者の方とお話をしたときに，こういうふうにおっしゃられました。「図書館は宝の山である。自分は今でも知識を図書館で得て，クリエーティブ，創造性を図書館で培っている。そして，図書館の職員の適切なアドバイスや，あるいは励まし，これは非常に参考になります」ということをおっしゃられました。教育と文化の発展に寄与する図書館という視点から考えますと，その機能を発揮するためにも，先ほど申し上げましたように，図書の専門性の蓄積，あるいは所蔵資料のコレクション形成，これを佐賀市として一貫した方針のもとに継続して実施する必要があるのではないかなと，そういうふうに考えるところでございます。

　そういう意味合いから，図書館は社会教育部で所管するほかの社会施設とは幾分位置づけが違うのではないだろうかと，そういうふうに考えているところでございます。(中略)

◆重松徹議員　(前略)全国で例を見ないような指定管理制度から直営体制に戻すことに対して，市としては見解はどうなんでしょうか。これは市長にちょっと答弁お願いします。

○秀島敏行　市長　今大事な問題ですね，大きな問題で議論をいただいており

ました。

　指定管理者制度，時の流れでそういうふうになったわけでございますが，やっぱり指定管理者制度の持つ問題点，それからまた直営の持つ問題点，また現在の財政状況の中での役所がとるべき姿勢，そういったものをもろもろ考えておりました。いずれにとりましても100％いいことばかりということではないと思います。それぞれ問題点を持つ中で選択をしなければならないと，そういう中で話を聞いておりまして，またいろいろ私自身も考えていることに対しましては，やっぱりこの図書館にあっては指定管理者になじまないものじゃないかなと，指定管理者制度のよさも取り入れる部分があるかもわかりませんが，図書館にあっては指定管理者制度よりも，やっぱり直営で運営したほうが，長いスパンでの市の方針等に合致していくんじゃなかろうかと，そういうふうにも思うところであります。

　いずれにしましても，どちらを選択しましても問題点を残すと，ほかの指定管理者制度にも通ずる部分があると思います。

平成22年鳥栖市議会第9月定例会議事録　平成22年9月21日（抜粋）

《鳥栖市図書館設置条例の一部を改正する条例について》
【本会議における文教厚生委員会報告】
○文教厚生常任委員長（内川隆則）（前略）今回の改正につきましては，鳥栖市民文化会館，中央公民館，鳥栖市図書館について，地方自治法第244条の2第3項に基づき，指定管理者制度を導入できるようにするため，指定管理者が行う管理の基準，業務の範囲及び指定管理者の指定手続などを規定するものです。（中略）

　以上，主なものについて申し上げましたが，慎重審査の結果，議案甲第28号　鳥栖市民文化会館条例の一部を改正する条例，議案甲第29号　鳥栖市公民館設置条例の一部を改正する条例及び議案甲第30号　鳥栖市図書館設置条例の一部を改正する条例について，当文教厚生常任委員会といたしましては，

採決によりそれぞれ否決すべきものとして決した次第であります。（中略）
○議長（原康彦）（前略）これより討論を行います。

　議案甲第30号　鳥栖市図書館設置条例の一部を改正する条例については，下田寛議員から反対討論の通告がおりますので発言を許します。下田議員。
◆議員（下田寛）〔登壇〕

　（前略）議題であります図書館についてですが，これは義務教育と同じで，無償で経営されております。そして，図書館には生涯教育の知の拠点としての使命があります。

　また，図書館業務は専門性が高く，価値の中立性が求められるとともに，自由で公平な資料と情報提供ができるものでなければなりません。

　地方教育行政法の第30条で教育機関と規定されております図書館は，他の教育機関との連携を初め，継続性，蓄積性，安定性などが求められます。

　直接の根拠法である図書館法では，第1条の目的に「この法律は，社会教育法の精神に基き，図書館の設置及び運営に関して必要な事項を定め，その健全な発達を図り，もつて国民の教育と文化の発展に寄与することを目的とする。」とあります。

　また，2008年6月の図書館法改正案の国会審議の中において，文部科学大臣の答弁の中で，「公立図書館への指定管理者制度の導入は，長期的視野に立った運営が難しくなり図書館になじまない，職員の研修機会の確保や後継者の育成等の機会が難しくなる。」とあり，全会一致で図書館への指定管理者制度導入に関して弊害があるという附帯決議が可決されております。

　全国的に見て，図書館に指定管理者制度を導入している自治体もありますが，この議案を上程する過程で，果たしてどれだけの議論が図書館運営協議会，社会教育委員会や教育委員会などでなされたのか，経過が余り見えず，疑問が残ります。将来の姿がはっきりと見えないこの議案に対して，不安ばかりが先行してしまいます。

　今後，執行部，関係機関や議会，そして現場の方々とのより深い議論を執行部に求め，私の反対討論とさせていただきます。

　以上です。

〇議長(原康彦)　討論を終わります。これより採決を行います。

　まず，議案甲第30号　鳥栖市図書館設置条例の一部を改正する条例について採決を行います。本案に対する委員長報告は否決でありますので，原案について起立により採決を行います。本案は原案のとおり可決することに賛成の方の起立を求めます。

　　　〔賛成者起立〕

　起立少数であります。よって，議案甲第30号　鳥栖市図書館設置条例の一部を改正する条例は否決されました。

平成27年小牧市議会第4回定例会会議録　平成27年12月9日（抜粋）

《小牧市の住民投票の結果について，小牧市議会における質疑応答》
◆7番（小川真由美）（前略）それでは，質問項目2に入ります。質問項目2，住民投票の結果について。

　去る10月4日，小牧市では初の住民投票となる「現在の新図書館建設計画に関する住民投票」が，小牧市議会議員一般選挙とともに行われました。

　住民投票の当日有権者数は11万6,624名で，投票率は50.38％。20歳以上の有権者が，現在の新図書館建設計画に「賛成」「反対」に〇をつける形で投票し，有効投票数は5万7,333票で，反対は3万2,352票，賛成は2万4,981票で，反対が賛成を上回りました。反対票は有効投票数の約56％でした。無効票は1,427票ありました。

　住民投票に関し，9月中旬から下旬にかけ，新図書館建設計画についての説明会も開催されましたが，今回の結果となりました。

　この結果を受けて，既に新図書館計画でツタヤを展開するカルチュア・コンビニエンス・クラブ（CCC）と図書館流通センター（TRC）の共同事業体との「アドバイザリー業務契約」や，設計会社との「基本設計業務契約」などと結んでいた業務契約を解消しました。

　市長は，記者会見や新聞報道などで幾つもの発言をされていますが，改めて

市として，この住民投票の結果を受けてどのように考えているのかについて，御所見をお願いします。

　また，今後の新図書館建設計画の進め方など決定したことを市民にどう説明していくのかについてお答えください。

　以上，2点について答弁を求めます。

◎市長（山下史守朗）　今回の住民投票でありますけれども，現在の計画についての賛否を単純に問いかける内容になっています。ですから，そのことの結果は確かに出ているわけでありまして，私としては，それは一定の市民の皆様方の民意だということで，しっかりと受けとめたいということを申し上げてきたわけです。

　私，小川議員に逆に質問内容を確認させていただきたいんですけど，全てを見直すということをおっしゃるんですが，全てというのはどこまでのことをおっしゃっているのか，ちょっとよく理解できないんですけれども，どこまでのことなんでしょうか

◆7番（小川真由美）　この新図書館建設計画の現在の内容，中身，全てです。
　以上です。

◎市長（山下史守朗）　ちょっとよくわからないんですけど，結局，今回は，私としては，住民投票の結果については真摯に受けとめると，この受けとめ方というのは，市民の皆様方が現時点において，現在の計画というものについて多数の方が，56％という市民の多数の方が納得ができないということ，これについてはしっかりと受けとめなきゃいけないだろうということであります。でありますから，私としては，今の計画の推進を一たん中断をして，立ちどまっております。そしてその上で，改めて市民の皆様の声をできるだけ広く，そして丁寧にお聞きをして，そしてそれを踏まえて計画の再検討をしていくということ，必要に応じて見直しをしていくんだということを申し上げてきたわけです。44％の方は，とりあえず賛成されたわけですね。この20年，駅前もこういう状況で来ましたけれども，今まで，いろんな意見はありましたけれども，なかなか一つの案にまとまってこなかった，これについて，市議会の皆様の御理解をいただいて一定の案をつくり上げてきたのが今日までです。その案につ

いて，とりあえずのところ44％の方が賛成をされた。しかし一方で，これも非常に重いことだというふうに私は思ってます。一方で，56％の方々の反対ということも重いわけです。私はどちらも市民の重い行為として，しっかりと市長そして議会は受けとめなければいけないと。賛成の方の思いも受けとめなきゃいけないし，それをどう受けとめるのか。そして反対の方の御意見も受けとめなきゃいけない，これをどう受けとめるのか。そうした中で，この56％の皆様方というのは，いろんな反対理由があるわけですから，いろんなことを聞いてます，私も。その一つ一つについて私としてはしっかりと受けとめて，その一つ一つについて丁寧に議論をして，当然よりよい計画になるように，市民の皆さんが疑問に思われている全ての点において私は当然丁寧な議論をして，よりよい計画となるように見直していく。このことによって，賛成の方も反対の方も，いろんな意見があるわけですけれども，より多くの市民の皆様方が理解をし納得していただける計画に見直しをして進めていくべきだと，そういうことを私は住民投票直後からずっと一貫して申し上げてきております。

　ただ，現在の計画について，いろんな賛成点，反対点を分析しながら，その出た論点で整理をして，必要に応じて直すべきところを見直していくという手法をどうですかということを市議会にも投げかけてまいりましたけれども，これについては市議会のほうで御理解がいただけなかったということであります。ですから私としては，そういう手法ではなくて，現在の計画からスタートする手法ではなくて，今小川議員が申されたように，一度ゼロまで下がって，もう一度皆さんの気持ちの中でいろんなお気持ちをお聞きしながら，もう一度組み立てていくという，そうした手法でどうでしょうかということを去る12月7日に議長まで提出をさせていただいたわけであります。

　ただ，新たに計画をつくっていくにせよ，どこでどういうふうな，皆様方が今回疑問に思われたのか，問題点に思われたのかということについては，やはり十分に丁寧に分析をしていかなければ，そこに組み込んでいかなければ，やはり前に進めていけないんではないですかということは当然なことだというふうに思ってますので，そういったことも含めて，市議会の皆様と調整をさせていただきながら進め方について合意を目指してまいりたいと思っております。

よろしくお願いいたします。（中略）

◆**17番（河内伸一）**（前略）市長は，新図書館の建設により，中心市街地の活性化と現図書館の老朽化・狭隘化という2点の課題を解決したいと言っておりましたが，それぞれの原点に立ち戻り議論していくといった場合に，中心市街地の活性化につながる図書館ということもゼロベースということになるのか，お尋ねをいたします。

◎**市長（山下史守朗）** 市として長年の懸案でありました2つの課題を一度に解決できる手法として，中心市街地の活性化につながる図書館をA街区に建設するとしたものでありますが，住民投票の結果を受けて，いま一度，A街区の活用方法と図書館の建設という2つの課題について，ゼロベースで議論を再スタートさせたいと考えております。

そのため，まずは市民の意向について，十分に調査，分析をさせていただきたいと思います。よろしくお願いいたします。

◇なお，「新小牧市立図書館建設基本構想」，「新小牧市立図書館建設基本計画」及び「新中央図書館建設計画を白紙にすることに関する住民投票条例について」等は，小牧市役所公式ホームページから見ることができる。

URL：http://www.city.komaki.aichi.jp/admin/index.html

●著者紹介

鑓水　三千男（やりみず　みちお）

1951年千葉県生まれ

東北大学法学部卒業，中央大学大学院法学研究科修士課程（民事法専攻）

千葉県庁総務部政策法務課政策法務室長，農林水産部農地課長，総合企画部参事，労働委員会事務局次長を経て，現在，千葉県市町村総合事務組合法務専門員

＊著書

『図書館と法：図書館の諸問題への法的アプローチ』改訂版，日本図書館協会，2018（図書館実践シリーズ12）（初版：2009）

糸賀雅児，薬袋秀樹編『図書館制度・経営論』樹村房，2013（現代図書館情報学シリーズ2）分担執筆（第2章　日本国憲法，教育基本法，地方自治法等，第6章　図書館のサービス・経営に関連する法規）

共著『図書館が危ない！運営編』エルアイユー，2005

＊論文

「地方自治法の一部改正と図書館設置条例」『現代の図書館』38（4），p.276-283，2000.12

「行政手続法の一部改正とパブリックコメント制度条例化の諸問題」『自治研究』81（12），p.35-71，2005.12

「政策法務研修の現状と課題」『ジュリスト』1338，p.145-149，2007.7

「自治体法務と図書館における法情報の提供」『図書館雑誌』102（4），p.218-220，2008.4

「図書館はデジタルカメラによる複写希望にどう対応すべきか」『カレントアウェアネス』312，p.8-12，2012.6

「地方分権と政策法務：地方自治体の実務担当者から見た条例制定権の可能性と課題に関する一考察」（半田吉信先生・鈴木庸夫先生退職記念号）『千葉大学法学論集』28（1・2），p.293-349，2013.9

「指定管理者制度の一断面－公立図書館への指定管理者制度導入の諸問題」（北村喜宣ほか編『自治体政策法務の理論と課題別実践－鈴木庸夫先生古稀記念』第一法規，2017所収）

「法的視点から見た公立図書館への指定管理者制度導入の諸問題」『図書館雑誌』112（6），p.388-390，2018.6

JLA Booklet no.4 ●●

図書館政策セミナー「法的視点から見た図書館と指定管理者制度の諸問題」講演録

2018年10月15日　初版第1刷発行
定価：本体1,000円（税別）

著者：鑓水三千男
編者：日本図書館協会図書館政策企画委員会
表紙デザイン：笠井亞子
発行者：公益社団法人　日本図書館協会
　　　　〒104-0033　東京都中央区新川1-11-14
　　　　Tel 03-3523-0811㈹　Fax 03-3523-0841　www.jla.or.jp
印刷・製本：㈱丸井工文社

JLA201818　　ISBN978-4-8204-1812-2　　　　　　　　　　　　Printed in Japan
　　　　　　　　　　　本文用紙は中性紙を使用しています